中外巨人传

孙　膑

齐 心 著

辽海出版社

图书在版编目（CIP）数据

孙膑 / 齐心 著. —沈阳：辽海出版社，2011.12
（中外巨人传）
ISBN 978-7-5451-1201-6

Ⅰ．①孙…　Ⅱ．①齐…　Ⅲ．①孙膑—传记
Ⅳ．①K825.2

中国版本图书馆 CIP 数据核字（2011）第 223923 号

责任编辑：柳海松
责任校对：顾　季
装帧设计：马寄萍

出　版　者：辽海出版社
　　地　　址：沈阳市和平区十一纬路 25 号
　　邮　　编：110003
　　电　　话：024-23284473
　　E-mail:dyh550912@163.com
印　刷　者：天津海德伟业印务有限公司
发　行　者：辽海出版社

幅面尺寸：165mm×230mm
印　　张：12
字　　数：133 千字

出版时间：2012 年 5 月第 1 版
印刷时间：2019 年 1 月第 4 次印刷
定　　价：28.00 元

·目　录·

前　言

　　在我国，有关古代杰出的军事家孙膑的传说故事如"孙庞斗智"等，代代相传，可谓家喻户晓，甚至在一些小说当中如《孙膑演义》《万仙阵》《孙庞演义》等，将这位孙膑老先生描绘成神乎其神的"神仙"。本书依据有关史料典籍。如《史记》《汉书》等文献，将孙膑从神坛上请下来，还原历史中曾一生坎坷不平，命运多劫，在生活上、政治上屡遭迫害，但又自强不息，展现卓越才能的这样一位传奇人物。

　　这里，先节录《史记·孙子吴起列传》中有关孙膑生平事迹的片段，以窥其貌："孙武既死，后百余岁有孙膑。膑生阿鄄之间，膑亦孙武之后世子孙也。孙膑尝与庞涓俱学兵法。庞涓既事魏，得为惠王将军，而自以为能不及孙膑，乃阴使召孙膑。膑至，庞涓恐其贤于己，疾之，则以法刑断其两足而黥之，欲隐勿见。齐使者如梁，孙膑以刑徒阴见，说齐使。齐使以为奇，窃载与之齐。齐将田忌善而客待之。忌数与齐诸公子驰逐重射。孙子见其马足不甚相远，马有上、中、下辈。于是孙子谓田忌曰：'君弟重射，臣能令君胜。'田忌信然之，与王及诸公子逐射千金。及临质，孙子曰：'今以君之下驷与彼上驷，取君上驷与彼中驷，取君中驷与彼下驷。'既驰三辈毕，而田忌一不胜而再胜，卒得王千金。于是忌进孙子于威王。威王问兵法，遂以为师。"

从上述这一小节中，即可看出孙膑为人忠厚多才，而庞涓阴险恶毒，及为田忌赛马布阵，使孙膑这位人物活脱脱跃然纸间。另据《汉书·艺文志》记载："《齐孙子》（即孙膑）八十九篇、图四卷"。极为可惜的是这部珍贵的兵书文献约在东汉末年即已失传了。从《隋书·经籍志》始，就不见于历代著录。自宋代至近世以来，许多中外学者对孙武及其《孙子兵法》提出诸多质疑，因而也波及到孙膑和《孙膑兵法》，如有的认为吴孙子（孙武）即是齐孙子（孙膑），孙子十三篇就是《孙膑兵法》，以及他们的世系、故里等，众说纷纭，莫衷一是。一九七二年四月，山东临沂银雀山汉墓经考古发掘，出土了《孙子兵法》和《孙膑兵法》的竹简，但由于年代久远，竹简残缺不全，损坏严重。经过有关专家细致整理，使失传近两千年的《孙膑兵法》得以重见天日，至此有关孙武、孙膑及其书有无、真伪等长期论争才终于停止，也使这一桩历史疑案大体可见真实眉目了。我们所以书写孙膑，主要提倡人物的积极进取，奋发向上、战胜磨难的高尚情怀，以期对今人能有所启迪。

本书在写作过程中，参考了文物出版社两次出版的《孙膑兵法》，张震泽先生的《孙膑兵法校理》、詹立波的《孙膑兵法初探》、霍印章的《孙膑兵法浅说》等，以及国内外其他专家学者的有关论著，从中受益匪浅，在此还要向为笔者提供帮助的诸位先生致以诚挚谢意。

由于笔者学历浅薄，时日仓促，难免不当乃至舛误，则敬祈方家读者校正。

一、家世沉浮

　　春秋时代（前770—前476），经过西周末年的战乱，周王室实力大减，就连周平王东迁国都都是依靠诸侯的力量才得以实现。东迁以后，王室辖地大为缩小，赋税相应减少，并且各国诸侯已不再定期朝贡，王室失去贡纳，经济十分困难。与王室的窘境相反，各诸侯国势力日益壮大，开始挑战周天子的独尊地位。周天子的地位已名存实亡，周王朝日渐衰微，出现了"政由方伯"的局面。各诸侯国蜂拥而起，数百年间，列国东征西战，转相吞并，争雄称霸，战火连绵……到战国中期，已有百余诸侯小国被诸侯大国吞并。征来战去，形成齐、楚、燕、韩、赵、魏、秦七个诸侯大国。所剩不多的诸侯小国，只能依附于诸侯大国才能得以存活。

　　这七个大国的位置基本上是这样的：齐国在东，约在今天的山东，国都为临淄（今山东淄博）。秦国在西，位于现在的陕西和渭水两岸，国都为咸阳（今陕西咸阳）。楚国在南，其领地相当于今天湖北、河南南部和安徽一带，国都为郢（今湖北江陵县北）。赵国在北，其疆域包括现在陕西的东北部和陕西的中东部，以及河北东南部、山东西边的一角和河南的北部，其国都为邯郸（今河北邯郸市西南）。燕国在东北，约为现河北省的北部、辽宁西南部以及山西东北部，国都在蓟（今北京市西南）。魏韩两国在中间。魏国的土地从今陕西起，向东穿过山西和河北的南部、河南北部和山东西部，国都为大梁（今河南开封）。韩国则占有今天河南中部一带地方，国都为郑（今河南新郑）。这七个诸侯大国为了攻掠对方的土地、财富和人口，战火不断，争霸不已。七国争霸之日，也是人才显露之时，形形色色的人物纷纷登场。……

孙膑所处的时代，正是七国激烈争斗时期。七国中执掌政权的新兴地主阶级为了增强自己的势力，纷纷变法、革新，以图富国强兵。其中魏国变法最早，实力最强，自战国初期以来独霸中原，挟持韩、赵两国，多次打败秦、楚、齐等国，夺取了大片领土。到了公元前370年魏惠王即位后，更是倚仗其强大的实力，东征西讨，四面出击，并因此树敌过众。他不惜破坏与韩、赵的联盟，企图独霸中原，吞韩灭赵。不过由于韩赵也较早实行变法革新，所以实力也不弱，他们采取一切措施，与魏抗争，力求自保。此时，齐秦两大强国也从东西两面崛起，努力与魏抗争。公元前358年齐威王即位后，选贤任能，积极改革政治、经济和军事，准备伺机同魏国一决雌雄，争夺中原霸权。地处西陲秦国在公元前361年秦孝公即位后，任用商鞅，变法图强，国势逐渐强盛，不断派兵东下，准备收复被魏国夺去的河西（今山西、陕西两省间，黄河南段之西）之地。与此同时，南方楚国伺机北进，东北方的燕国也开始崛起。至战国中期，在七雄争立的局面中，齐、魏争霸中原，成为非常突出的矛盾。

连年的战争，加上旱涝雹洪等自然灾害，使得百姓生灵涂炭、饿殍遍野。距齐国西南边陲的鄄邑（今山东省鄄城县城北）东南约四十里有个小村子，住着几十户人家。村子不大，靠近宋国的商品集散城定陶，因为济河在村子的西北流过，也带来了适宜的气候和肥沃的土壤，所以这里的百姓比其他地方的百姓过得好一些。这天村里来了一对夫妻，这对夫妻便是孙操夫妇。

孙操，也就是孙膑的父亲，孙武的孙子。孙武，即辅佐吴王阖闾"西破强楚，北威齐晋，南服越人"的孙子。孙氏家族的祖先原居住在陈国，是古代陈国的公族，原来的姓是妫。根据《左传》记载，武王伐纣时，舜的后代虞阏父被周国任命为陶王的官位，执掌陶器的制作，管理从事制陶的工匠。由于虞阏父管理有方，加之他又是古代圣贤虞舜的后裔，周武王便把长女嫁给阏父的儿子满，并把宛丘（今河南淮阳县一带）赐给满为其封地，并赐以妫姓，满在那建立了陈国，成为第一代君主。陈国的君主除受赐的妫姓外，还以陈为姓氏。所以，自西周以来至春秋前期的陈国君主都是孙氏的祖先。

在公元前705年，陈厉公（前706—前700)的夫人生了个儿子，取名叫完。长公子完就是孙氏家族的直系远祖。公子完本应该继位，但是因为他的叔父妫杵臼的篡位而没有成功。完公子虽然很有才华，也只是做官做到了大夫官位。公子完小时候是和他的叔父陈宣公（前692—前648在位）的长子太子御寇从小一起长大，两人情如手足。由于陈宣公想改立宠姬所生之子公子款为君位继承人，于是便以风流罪下令处死太子御寇。按当时刑法，一人犯罪，往往株连三族，甚至连亲朋也不能幸免。所以，太子御寇被害后，公子完深恐厄运降临，便携家带口，逃到了齐国（位于今山东北部）。

公子完到达齐国时，正好是大名鼎鼎的齐桓公（前685—前

643）执政的第 14 年，齐桓公任命管仲（前？—前 645）实施改革，齐国国势强盛，为春秋五霸之首。齐桓公得知陈公子完年轻有才，就想拜他为卿士。公子完因为担心遭人嫉妒非议，便推辞说："我能够寄居在贵国有幸得到您的恩惠就该知足了，不敢担当如此高的职务。"因此婉言辞谢而只是担任管理百工的"工正"之职，管理手工业生产。

公子完定居在齐国后，由姓妫改为姓田，所以他又被称为田完。一百多年后，田氏家族愈加兴旺，地位也逐渐显赫。田完的后代已有不少人身居齐国卿大夫要职，田氏成了齐国新兴势力的代表。到了田完的四世孙田桓子无宇，因为他英勇善战，深受齐庄公（前 553—前 548）的信赖。田桓子为增强自己的实力，借给穷人粮食时用大斗，收回时用小斗，他把所属领地收获的树木鱼盐蜃蛤到市上出卖，价格也同其他产地一样，于是民众纷纷归附到田氏门下，壮大了田氏家族的力量。

田无宇的一个儿子名叫田书，在齐景公（前 547—前 490）时做了大夫。田书十分具有军事才干，由于领兵伐莒（莒，国名，春秋初年建都于莒，位于今山东莒县，公元前 431 年被楚国所灭）有功，齐景公封给他一块采地（采地是诸侯国君封赐给其卿大夫作为世禄的田地，亦称"封地"、"采邑"或"食邑"），并赐姓孙氏。在春秋时代，姓是全族的共同称号，而氏只是某一支派的称号。田书这一支即是以田为姓，而又以孙为氏的。后来姓氏不分，所以，田书又被称为孙书。从此，孙氏在齐国就与田氏分开而另立一宗。

孙武出生在他祖父孙书的封地乐安（今山东惠民）。他的父亲孙冯在齐国可以说一人之下，万人之上。孙武就出生在这样一个贵族的家庭，从小就有优越的学习条件，能广泛接触文化典籍，而且孙武的曾祖、祖父又都是能征善战的将领，并且有着本宗族的私属军队，所以这对孙武日后成为军事大家有着深远的影响。但是，当时孙武生活的齐国已经不是国力强盛的时候了，国内矛盾重重，危机四伏。在齐景公刚开始执政的时候，左丞相庆封就灭掉了右丞相崔杼，接着田、鲍、栾、高四大家族联合起来赶走了庆封。后来内乱不断并愈演愈烈，齐国公室同四大家族之间、四大家族彼此之间争权夺利的矛盾日甚一日。

公元前 532 年夏，齐国发生"四姓之乱"。田氏联合鲍氏，趁执政的旧贵族奕氏、高氏宴饮方酣之际，突然包围了他们，几经激战，奕氏、高氏战败。其主要人物奕施、高强两人逃往鲁国，而田氏、鲍氏取得胜利。这样，田氏的势力一步步壮大。进入战国时期，田氏代齐齐国江山易主。

孙武虽是田氏（即陈氏）的后裔，但由于自孙武的祖父改姓为孙而另立门户后，与田氏就渐渐疏远了。孙武虽然卓有才智，但在当时却也是无以施展，他非常厌倦齐国卿大夫之间的相互倾轧，也颇担心田氏家族一旦失势会殃及自己，于是萌生了弃国他投的想法。在春秋时期，封国林立，一些失意或遇到祸难的士大夫，往往离开自己的诸侯国而去他乡谋生求职。当时的诸侯国中，吴国位于南方（约今江苏大部和安徽、浙江的一部分，吴都在今江苏苏州市），国势渐盛，颇有新兴气象。孙武认为吴国是他施展才能、实现抱负的理想之地，于是约在齐景公三十一年（前 517）左右，毅然长途跋涉，弃齐而投吴。隐居在吴国都城姑苏（今苏州）附近一个山村。孙武一面种地，一面潜心研究兵法，等待时机。

公元前 515 年，吴国的公子光自立为王，即吴王阖闾。阖闾是个具有改革思想和雄才大略的君主。在取得王位后，他在伍子胥的辅佐下积极改革，奖励农商，修明法制，练兵习武，增修城池，使得国力渐渐强大。雄心勃勃的吴王阖闾为了扩大势力范围，计划南征楚国，以建立霸业。孙武见时机成熟，以兵法十三篇见吴王。他惊世骇俗的言论，新颖独特的见解，立即引起了吴王阖闾的兴趣，被任命为将军。

孙武在吴国做了大将，运用自己深邃的政治见解和卓越的军事才能，积极协助吴王发展政治、经济和军事力量，在公元前 512 年至公元前 504 年间，多次大败楚军。尤其公元前 506 年，吴军在孙武直接谋划、指挥下，联合蔡（今河南省上蔡）、唐（今湖北省唐镇）两国，"以三万破楚二十万"，与楚战于柏举（今湖北省麻城东），千里奇袭，"五战五胜而攻战楚都郢"。此即《史记》所谓"西破强楚，入郢"。这次战役是东周以来规模最大的一次战争，也是历史上"以少胜多"的一次著名战役。后楚国因惧怕亡国而迁都。公元前 494 年，越王勾践伐吴。双方首战于夫椒（今江苏省吴县西八十里太湖中），再战于"五湖"。孙武统兵以"诈兵"之计大败越军。吴军追至浙江边，再以"奇谋"大败越师。越王勾践带五千甲士逃至会稽山上（今浙江绍兴县境内），最后向吴军屈辱求和。

孙武为吴国的兼并战争立下显赫战功。使吴国达至强盛顶峰，显名列国，称霸诸侯。其所著《孙子兵法》是我国历史上第一部成系统的兵书，也是世界军事学宝库中最早的珍品，其影响波及古今中西。

孙武带领吴军大败越军后，见到吴王日益骄奢淫逸，沉迷酒色，不理政事，于是便告老还乡，隐遁山林。吴王阖闾死后，其子夫差（前495—前473）由于专恣昏暴，一意孤行，吴国很快被南方近邻越国灭掉了。吴国灭亡后，孙武的子孙自感处境不妙，于是又产生迁移之心。留在吴国，越人是绝不会放过他一家人的，楚国更不能去，小国又不敢托付。孙武的三个儿子孙驰、孙敌、孙明只好各自携带妻小自寻活路。这时，孙武已过世，被儿孙们葬于太湖东岸（今江苏省吴县东门外）。孙明在流亡途中经不起辛劳，终于病倒，不几年后去世。孙武当年投奔吴国是因为厌倦了齐国内部卿大夫间无休止的争斗，但后来，齐国田乞、田恒诛灭了高氏、鲍氏等异己的卿大夫，并在公元前481年杀简公而立平公，田氏家族逐渐执掌了齐国国政，齐国卿大夫间的长期内乱局面基本上结束了。虽然当初祖父弃齐他投，但孙氏原本是田（陈）氏的分支，同出一宗族，田氏执掌齐国，自然也有利于孙氏家族，何况齐国是他孙氏的父母之邦，是自己的祖国。于是孙明的儿子孙操在吴楚交界的地方生活了一段日子后，又带着家眷返回齐国，并在齐国西南边境处定居下来。

孙操夫妇来到齐国西南边界的鄄邑，决定把家安在这里。孙操夫妇勤劳质朴，为人热情，虽然不富裕，但一家人和和睦睦，与人为善，很快就与村里人熟识，安定了下来。不久，孙操妻子怀孕生下一子，这个孩子就是孙膑。

孙膑，号伯灵。《史记·太史公自序》中写道："孙子膑脚，而论兵法。"后人便把这个膑了脚的"齐孙子"叫做孙膑。

孙伯灵自幼聪明好学，其记忆和理解能力极强，父亲教给他的内容往往一次就能学会，尤其学文断字，可谓过目不忘。渐渐地父亲孙操仿佛从伯灵身上看到了爷爷孙武的影子。每当此时，孙操便感到无比的欣慰，他多么希望小小的伯灵几十年后能像其曾祖父孙武一样，位居要津、权势显赫、威震四方，因此孙操更加严格教授和训练伯灵。

然而，其乐融融的温馨日子没过几年，在伯灵七八岁时，父亲孙操和母亲因病相继去世。孙操临死前对伯灵说："你的曾祖孙武是吴国的大将军，他统兵打了很多胜仗，而且写出了一部被兵家推崇备至的兵书，可惜已经散失。他的名字会像太阳和月亮一样永远发光发亮，会像西面这条大河一样永远留名。我希望你能像他老人家一样也统兵打胜仗，像他一样也写出流传千古的兵书。"

公元前372年，赵国武侯卒，其子敬侯继承王位，公子朝起兵谋乱，魏国帮助赵国公子朝争夺赵国国君之位，因此与赵结下怨仇。公子朝与赵国争夺卫国（今河南淇县、濮阳一带），赵国的军队一气夺下卫国七十三个村镇。卫国东面紧依鄄邑，鄄邑以东数百里百姓纷纷逃离家乡，以避战乱之灾。孙伯灵随着逃难的人群向东而去，道路狭窄，人群拥堵，牲畜、车辆、包裹，人喊马鸣，乱作一团。村道旁、田野里到处是死难乡亲，尸陈露天而没有人掩埋。战乱给孙伯灵幼小的心灵蒙上了一层难以磨灭的阴影。

赵国的军队退去后，孙伯灵随着返乡的乡亲们又回到了村庄。

为了挣点口粮，孙伯灵开始为村里一户乡亲放牛。将牛往有鲜草的坡地上一牵，牛便自己去寻找可口的嫩草啃吃起来，伯灵则捧出父亲留下的兵书一个字一个字、一句话一句话地诵读研究起来，不认识的字，他就去问。不懂的句子更是虚心向庄里庄外的老人请教。和其他孩子们一起放牛时，他也不忘研究兵书，演习阵法。两拨孩子玩打仗的游戏，他当统帅的这一方总能在他精心策划下战胜对方而取得胜利。因此，久而久之，远近村庄的乡亲们都知道冷家庄里有一个姓孙的十岁孩子能说兵法懂打仗，孩子们对他更加崇拜至极，并纷纷投他麾下充当士兵。他经常率领着这群孩子玩得忘了牛群，忘了回家，忘了吃饭。

公元前370年，孙伯灵十岁，赵国攻打卫国又打到鄄邑。这次战乱后，孙伯灵又失去了很多平日里照顾他的乡亲，生活更加艰难了。孙伯灵默默擦干了眼泪，和幸存的乡亲们一起重整家园，收拾庄稼，安抚孤幼，继续生活下去。

战争的创痛使孙伯灵更加成熟，更加仇恨战争，更加渴望学到兵家学识，统兵打仗，反击侵略齐国的军队，保护家乡的百姓不受战乱的侵害。从此，孙伯灵在放牛的时候，更加努力研习兵法，他用石子代表一国军队，用树棍代表另一国军队，琢磨如何布阵，如何前进，如何撤退，两国军队在什么环境下战斗，谁施巧计打败对方，谁用智谋转败为胜，他以极大的热情，以满腔的爱和恨投入学习和钻研之中。公元前368年赵国进攻齐国，直打到齐国长城。与鄄邑紧紧相依的卫国趁机扩张领土，轻而易举打下鄄邑。

又过了几年，孙伯灵娶了邻村一户姓苏的贫家女子，第二年，苏氏生下一个儿子，全家人欢欢喜喜。儿子出生不久，赵国又来攻打鄄邑。孙伯灵携着妻儿一家逃难，他们夹杂在那些仓皇出逃、像洪水一样不能遏阻的人流中，逃到一座不知名的村寨，孙伯灵把妻子和儿子安顿好。入夜，孙伯灵久久不能入眠，他想起父亲临死前的那些话，他为自己的无力、无为而感到羞愧；他看到为避战乱而四散奔逃、远离家园的众乡亲，看到妻子儿子柔弱的身体却仍然逃不脱流浪的生活，想到自己堂堂七尺男儿却不能保卫家乡、不能保护乡亲们和自己的家人，想到自己竟也和别人一样像兔子似的被战争撵得四处逃跑，顿时感到悲愤交加、汗颜无地。

二、立志学兵

大国之间相争，战争胜负往往决定一国命运。胜了可以挽救国家危亡，败了则要割让土地，甚至亡国。孙伯灵从小就感到了残酷激烈的战争，与国家的安危、人民的生活、个人的命运是息息相关的。在这样的家世和时势下，孙伯灵自小立下学武论兵、改造社会时势的志向，为了能在峥嵘岁月中干一番轰轰烈烈的大业，于是拜别家乡到远方投师学艺。

公元前 362 年，秦国攻打魏国。魏国在几年里多次被西邻秦国的军队东侵，已失去大片土地和许多重邑。魏惠王竭尽国内军力，与秦军交战于魏邑少梁（今陕西省韩城县南）。如果失去少梁，魏国就必须让出黄河天险，退到黄河以东来抵御秦国，因而魏国将军公叔痤统兵死守少梁。而秦军几年里与魏军交战皆获得胜利，因此全军上下恃必胜的信心，不惜军力猛攻魏邑少梁。一方死守，不退黄河；一方猛攻，必克不回。结果，这一年黄河两岸的这方土地上，百姓逃奔，十村九空，田园荒芜，尸横盈城。最终，秦军攻下少梁，俘虏了魏军将领公叔痤。这一仗以秦军大获全胜而告终。

在魏国境内中部的颍川阳城（今河南省登封县东南）有一个

名叫鬼谷的地方。鬼谷山势险峻，云盘雾绕，怪石林立，古树蔽日，谷幽涧深。春天这里鸟语花香，清泉叮咚；秋天这里果实磊磊，猿飞鹿鸣。山深林密处，洞中居虎豹，树上栖飞禽，土穴卧游蛇，洞底藏鱼虾。四季更替，万物生存繁衍，世世不息。鬼谷地处深山，人迹罕至。且谷里常刮一种旋风，风起时空谷中便发出一种怪声，似狼嗥又似鬼哭，人更惧怕至此。因此，尽管外面战事频繁、生死难料，这方大地上的生灵却能安然度日、过着恬静、和平的生活。

这天从鬼谷之外来了两个拜师学艺的男子。二人都是二十多岁年纪，一前一后，前面走的这人，眉目清秀，五官端正，脸上虽有几分倦意，且仍然神采焕发、英气动人。此人便是孙伯灵。后边这人比前边这人显得健壮一些，粗眉大眼，身穿一蓝布长衫，发髻高束。他便是后来任魏国大将军的庞涓。庞涓，自幼出生在官吏家中，几辈人多为官吏。然而，数尽家族中远近子弟，却没有一个人位居高官。因此，在战国时代这一多事之秋，庞涓的父亲、叔叔、伯伯见他自小身体健壮，且颇有些聪慧灵气和豪侠胆略，便竭尽全力培养他识字习武，研法明礼。从少年时代，庞涓就开始四方拜师学艺，走过不少名山大川，拜过许多名师高手。但是，一心想成就大事业的庞涓，在详细分析了几个强国的国情形势后，觉悟自己要有大成就就必拜懂得兵法打仗的人为师。于是，经过四方探访，终于打探到鬼谷之中鬼谷先生的大名。

鬼谷先生姓王名栩，战国时期卫国人。因其隐居在鬼谷而自号为"鬼谷居士"，世人尊称为"鬼谷子"。在古代中国，称"子"的人，一般是内藏锦绣、才华横溢、受人尊敬的。"子"是雅称、尊称，如孔子、孟子、老子、荀子、墨子等等。据说鬼谷子其人博学多才，经纶满腹，能上观天象，下测地理，预算人之祸福吉凶，社会之形势变幻。他不仅机辩精明，口若悬河，善于游说，而且精通排兵布阵、军事权谋，常能运筹帷幄，决胜千里，料事如神。在当时可以说是文韬武略，样样精通，是位颇有知名度的人。王栩著有《鬼谷子》兵书十四篇传世。民间称其为王禅老祖，中国春秋战国史上一代显赫人物，是"诸子百家"之一，纵横家的鼻祖，同时也是一位卓有成就的教育家。

　　鬼谷先生招收徒弟从不挑剔，广开门户，但却量才而传，先查品德，后传技艺。他的学问不是每个人都能学会的，只要学会一门便可纵横天下！

　　对于这两个新来的徒弟，鬼谷先生想要看看他们的头脑如何，于是给他们出了一道考题：鬼谷先生坐在屋内由学生想尽办法，把他请到外面去。

　　庞涓沉不住气，想先试试自己的能耐，他以户外美丽的风景引诱屋内的师父出来欣赏，但鬼谷先生不为所动，庞涓于是又说，既然用请的请不动那就放把火把屋子烧了，师父总会离开屋子吧，鬼谷先生回应说："这招不行，在你尚未点火时，我就会出面制止了。"庞涓没有办法只好退了下去。

　　换孙伯灵应答，他对鬼谷先生说："这种考试对庞涓来说不太公平，因为他先试了一阵子，让我见习了许久，为了公平起见，不如换个题目，请师父在屋外，由我想办法把师父请到屋内。"鬼谷先生心想，也有道理，于是说："好啊！我就到屋外让你请进来，还不是一样。"鬼谷先生一出去，孙伯灵就说："师父，你出的题目我已经解了，你被我请出外面了。"　鬼谷先生轻捻胡须哈哈大笑，连说："好，好"，接着便让弟子安排二人住下。

孙伯灵和庞涓在山口偶遇，一同入山，一同拜在鬼谷先生门下。孙伯灵学习刻苦努力，善于独立思考问题，加上聪明、领悟力强，所以学习成绩很好。

庞涓得知孙伯灵是将军孙武的后代，便提出要和孙伯灵拜为结义兄弟。孙伯灵满心欢喜，一口答应下来。二人备下香烛，对天发誓。庞涓说："大哥居长，请先誓。"孙膑于是对天发誓说："孙膑，齐国人氏，路遇魏国庞涓，结为兄弟，同在鬼谷先生处学艺，有书同读，有艺同学，一有私心，天地鉴察，若背信弃义，死无葬身之地。"庞涓听了也对天发誓说："庞涓，魏国人氏，路遇孙膑，结为兄弟，同在鬼谷先生处学艺，有书同读，有艺同学，如有昧心，不得还乡，乱箭射死。"誓毕，二人对拜八拜，孙膑年长为兄，庞涓为弟。

二人不仅有同窗之谊，如今又添兄弟之情，自是激动不已。

两个年轻人彻夜畅谈，久久不愿散去。他们从魏国说起，说到齐国，说到楚国，说到秦国，说到赵国、燕国、越国，说完了七个强国，又说宋、鲁、郑、卫、宫、邹、周、杞、蔡、郯等小国。小国因为国力薄弱，经济不发达，因此都难逃被大国吞吃兼并的厄运。大荔国（今陕西省大荔县东）早在公元前461年即被秦国吞并；蔡国（今安徽省寿县北部）于公元前447年被楚国兼并，此后楚国又先后灭了杞国（今山东省安邱县东北）和莒国（今山东安邱、诸城、沂水、营，日照等县）；越国于公元前414年灭亡腾国（今山东省腾县西南），第二年，又灭了郯国（今山东省郯城县西南）；齐国不断侵略鲁、卫两国（鲁，今山东省东南部；卫，今河南省、山东省之间的北部一部分）；魏于公元前406年越过赵国攻占了中山国（今河北省宁晋、柏乡、临城、徐水、满城、顺平、唐等县间）……你侵我夺的战争数不胜数，朝秦暮楚的敌友阵营变化无常，被兼并吞没的小国无力回天。连年的战争最受苦的就是平民百姓，他们流离失所，尸横遍野。这就是战争，这就是生活，这就是人生。

孙伯灵亲身经历过颠沛流离的逃难生活，每每想起那些挣扎在死亡线上的乡亲，便难过得泪湿衣衫。孙伯灵不胜感叹地说："战争这东西可不是好玩的。战不胜，就危害国家，就要割让土地，百姓就要遭灾。因此说，打仗是国家大事，是一个国家生死存亡的大事，万不能掉以轻心。"

庞涓赞同道："仁兄说得极好，只是战争不是由我们来掌握的。打与不打，什么时候打，在哪里打，怎么打，恐怕都不是你我能说了算的。"

孙伯灵双目空茫地望着远处黑黝黝的山林，回想起因战乱背井离乡，受尽折磨的人们，想起在战火中客死他乡的亲人，他叹了口气说："贤弟说得也很对。可我觉得，我们既来拜鬼谷先生为师学习兵法，学习战争之道，就要学会把握战争的本领。打与不打，怎么打，什么时候在什么地方打，怎么打，都要力求掌握在自己手中。只有掌握在自己手中，才能置敌于死地，才能预见战争的胜利，从而扼制不义的战争，使家乡一方人民安居乐业。"庞涓为孙伯灵有如此宏大志向而感动，赞叹之余，又深感自己远远不如眼前这位刚结拜的孙兄。

三、鬼谷学艺

时光流转，岁月如梭，一转眼冬去春来。孙伯灵勤勉学习、刻苦攻读、认真研习，每次鬼谷先生提出问题，他都细心琢磨，独立思索，回答时更是极周密、详细、深刻，许多次让鬼谷先生喜出望外。随着时间的延续，鬼谷先生越来越喜欢孙伯灵。

一日，鬼谷先生坐在一块山石上给弟子们讲解《道德经》中"俭武"篇和"偃武"篇。

"以道佐人主者，不以兵强于天下，其事好还。师之所处，荆棘生焉。大军之后，必有凶年。故善者果而已，不敢以取强。果而勿矜，果而勿伐，果而勿骄，果而不得已，果而勿强。物壮则老，是为不道，不道早已。"

"夫佳兵者，不祥之器，物或恶之，故有道者不处。君子居则贵左，用兵则贵右。兵者不祥之器，非君子之器，不得已而用之，恬淡为上。胜而不美，而美之者，是乐杀人。夫乐杀人者，则不可得志于天下矣。吉事尚左，凶事尚右。偏将军居左，上将军居右，言以丧礼处之。杀人众多，以哀悲泣之，战胜以丧礼处之。"

鬼谷先生解释道："坚持用'道'辅佐君王的人，不倚仗强大的军队实行军事扩张，去掠地掳民、强霸天下。而是同其邻邦建立良好的交往关系。一切非正义的战争，必然招致对方顽强还击。遭受战争摧残的地方，无不市井萧条、土地荒废、荆棘丛生、出现灾害。因此，善用兵者，即便是正义战争，只要把侵略者赶走，取得反侵略战争决定性胜利，就应及时停止战争，不要乘机吞并对方，绝不可取代侵略者的豪强地位。取得反侵略战争的胜利，也不要高傲自负、夸功矜能、恃己凌物。反侵略战争消灭敌人，是不得已的战争行为，反侵略战争的胜果，不是以兵力强大而立足天下。这才是真正的用兵之道，行仁义之师。因为天下万物，强壮到了极点，就开始走向衰老了。用兵逞强必败，是因为不合于道，一切不合于道的事物，必定早早消亡。"

而"偃武"篇则是说："兵器是不吉祥之物，战争是不吉祥的事件，必然给国家和人民带来灾难。所以，爱好和平的人民都反对非正义战争。有道的统治者，决不依靠战争来维护自己的统治地位，或使用战争去争夺疆土、掠人财物、称霸天下。君子以珍视和平生活为贵；而领兵的将帅，在和平遭到破坏、国家受到侵略的时候，则以通过激烈的战争，打败和驱逐入侵之敌为贵。所以，战争不是君子解决国家争端的主要手段。只有在不得已的情况下，才以反侵略战争而应战。对付来犯之敌，应以静制动，善守为功，以尽量减少损失为最好。取得战争的胜利，也不要大肆宣扬、美化战争。美化战争就是乐于杀人、喜欢战乱，与侵略者就没有什么区别了。喜欢战乱，不符合国家和人民的根本利益，不可能得到天下人的支持，好战者的欲望不会得到满足。在古代传统的礼仪中，凡吉庆喜事都尊崇左边为上位，凶丧之类的悲哀事，则以右边为上位。军队出征列队时，则是副将排在左而主帅排在右，这就是按丧礼的形式来对待战事。战场上伤亡是不可避免的，出征将士，要以对无辜百姓惨遭祸患而悲哀、以对灭绝人性的战争狂人切齿痛恨的心情去参战。打了胜仗，将军要以丧礼安葬双方的阵亡将士，并素服而临之。要以人道主义精神，对待伤残人员。"

鬼谷先生讲解完，想看看学生们领悟的如何，便让学生一一阐述自己的理解。庞涓心想不能让先生小视了自己，于是急忙抢过话题说："老子说：'以道佐人主者，不以兵强天下。'还说：'夫兵者，不祥之器，物或恶之，故有道者不处。'意思是说：用'道'辅助君主的人，不靠兵力逞强于天下。下一句的意思是：兵器呵，这不吉祥的东西，谁都厌恶它，所以有'道'的人不使用它。——我这样解说对吧？先生？"

鬼谷先生点头赞同。

庞涓又说："我就不赞成老子的说法，如果能够用仁义、用善和柔或所谓的'道'治理天下，那么，几百年来，这么多的贤明君主怎么就没有一个能把国家治理好，不使国家被别人兼并的呢？可见，'不以兵强天下'只是老子前辈的一个愿望。现在各国战事频繁，别说每天，就是每个时辰都有人虎视眈眈地注视着你，看是不是有机可乘、有利可图。就说周桓王元年（前 719），郑庄公为报桓王免其乡士之职的怨仇，率军攻打宋国，捎带把戴国（今河南商丘市）吞并了，一回手，又把宋、卫、蔡三国人马打个落花流水。至此，郑庄公开春秋兼并之先河。桓王十三年（前 707）周天子为整顿纲纪，恢复王室威信，起诸侯之兵伐郑。庄公不惊，以击弱的原则迎接王师。庄公之军先出击战力最弱的陈国军队，又击蔡国、卫国军队，随后攻击王师左右两翼，然后从两翼包围进攻王师，把王师打得弃甲曳兵而逃，桓王中箭负伤。

庄公自此远交强齐，近攻卫、宋、戴、陈、许等诸侯，成为春秋初期之首霸。这能说他不是以兵强天下吗？能说他不是靠军队，靠手中的武器来建立霸业吗？以仁，以'道'只会挨打，只会白白等着别人来收取地里的庄稼，占领本国的城邑，掳掠本国的人民。因此，依学生理解，要成就大业，就要依靠军队，依靠战争，依靠武器，只有这样才能使土地不被别人抢占，人民不被别人驱使，国家不被别人吞并。这是学生对先生所教的圣人学说的一点浅薄理解，望先生赐教。"

庞涓的阐述，初听似乎很有道理，但经不起推敲。鬼谷先生不用细想，在心里就已全面否定了庞涓的理解。这时他把目光落在孙伯灵身上，想听听他的理解。

庞涓对战争的理解可谓经过了深思熟虑。今天敢于坐在鬼谷先生面前陈述自己的观点，也是鼓足了勇气的。学为所用，这是最浅显的道理。他拜在鬼谷先生足下学习兵法剑术，就为有朝一日谋取功名、光宗耀祖。学习兵法就为将来统帅军队，征战沙场，没有胆略、没有勇武气概是万万成不了大事业的。庞涓回答完先生，自觉很有道理而洋洋得意。他望了望鬼谷先生，等待先生赞扬他的见解独到深刻。然而，鬼谷先生只是皱了皱双眉，什么也没说。

孙伯灵并不想在鬼谷先生面前高谈阔论对老师授课的理解，尤其不想在先生面前阐述与庞涓完全不同的看法。他不想让先生看出他比庞涓才高一筹、学加一等。为了维护师弟庞涓的威信，孙伯灵只得对鬼谷先生说："先生，我赞成庞涓的说法。"鬼谷先生眉头皱得更紧了，他锐利的目光如剑一般射向孙伯灵。鬼谷先生心里说：孙伯灵呵孙伯灵，你如此违心附和同门，岂不知不仅无益于同门的教益，反而是耽误了他的学习。你心地太善，即使满腹学问、浑身武艺，又怎么能统兵打仗，惩恶扬善?! 鬼谷先生收回目光，说："攀登高山可以达到山顶，丈量深渊可以量到渊底。然而，要了解一个人心里的想法却不是件容易的事。"说完，便起身而去。

孙伯灵是何等聪明的人，他立刻明白了先生的心意，羞愧得无地自容。他知道鬼谷先生对于他所寄予厚重的期望! 他十分惭愧，为了不使同学丢脸，而失去先生的信任不是因小失大吗?

直到太阳落山，他仍然呆坐在原地检讨自己。山里的夜晚，格外阴凉，渐起的露水打湿了孙伯灵的衣衫。不知过了多长时间，孙伯灵起身正要离去，却见一袭白衣立在他的身后，"先生!"孙伯灵激动地喊道。

其实，鬼谷先生并没有真正离去，他因为理解这个善良的学生而无法迁怒于他，更因为他的品德和善良而愈加器重他。

孙伯灵又怎么能不懂得先生的一片苦心，他立即拜倒在先生面前，说："请先生原谅学生，学生不是故意欺瞒先生，学生无知，只是担心……"鬼谷先生打断他的话，扶他一同坐下，意味深长地说："伯灵啊，我知道你心地善良，性情敦厚，然而战争可不是开玩笑，战争是不能用善心去对付的。非大智大勇者，不能统帅军队，指挥打仗；非大智大勇者，不能掌握战争的主动权，取得战争的胜利!"孙伯灵平时也听过先生说这几句话，可此时再听却悟出更深更多的道理。

鬼谷先生深夜不睡，而对他谆谆教诲，用心良苦啊! 实在是孙伯灵三生有幸。他感激鬼谷先生的深情厚谊，更牢记先生的肺腑之言和殷殷期望。鬼谷先生拉着他的手又说："庞涓所说的

'靠兵力逞强于天下'，我实难赞同。我想你的理解会强于他许多。你却说与他想的一样，我何止是生气，我更伤心啊！你是孙武的后代，孙武的风范只你承接、延续，你怎么能不顾这些而让为师失望？"孙伯灵羞愧万分。他跪在鬼谷先生膝前说："先生，是学生浅薄，请先生原谅学生。"鬼谷先生把孙伯灵拉到自己身边坐下，说："好吧，咱们就接着这个话题，说说你的理解。"

孙伯灵愉快地答应后紧靠先生坐下，说："今天上午先生所授的课，学生反复研磨。老子说：'以道佐人主者，不以兵强天下。其事好还。师之所以，荆棘生焉。大军之后，必有凶年。善者果而已，不敢以取强。果而勿矜，果而勿伐，勿骄，果而不得已，果而勿强。物壮则老，是谓不道，不道早已。'老子这段'俭武'的大意是：用道辅助君王的人，不能靠武力逞强于天下，用兵总会有严重的后果。应该与邻国为善，否则就不合于'道'，不合'道'很快就会灭亡……"

"我十分赞同老子"以道佐人君，不以兵强天下"的观点。凡统军打仗，胜利了，就能保存国家，延续世系。打败了，就要割地而危害国家。因此，战争是大事，要百倍重视。轻率好战，以兵力逞强都会导致国家灭亡。所以，不能随心所欲、穷兵黩武。"

"就说三家分晋前（三家指晋国的三家大夫赵、魏、韩。公元前403年，三位大夫把晋国分成赵、魏、韩三国，我国历史上的战国时期从这一年开始），晋国最强、最有实力的大夫是智伯。可是，晋哀公四年（前453），智伯无缘无故以武力威胁韩康子，索求领土，韩康子没办法，割万家之邑给智伯。智伯又以同样手段向魏恒子索求土地，魏恒子害怕他举兵讨伐，只好也给了他万家之邑。智伯仍不死心，又向赵襄子要土地，赵襄子不给，逃跑到晋阳（今山西省太原市南晋源镇），智伯就率领智、韩、魏三家之兵包围晋阳，决汾水灌城。只差三版（高二尺为一版）就要淹没城墙时，赵、魏、韩三家突然联合起来，大破智伯军队，杀死智伯，灭除智氏，瓜分智伯的土地。这便是背弃"道"而用兵力逞强的结果。"

孙伯灵话锋一转，又说："但是，我仅能对老子先生所说的不可强兵于天下的思想持一半的赞成态度。"

鬼谷先生眼睛一亮，口气颇急地问道："哦？你快说说何为一半的赞成？"

孙伯灵说："我觉得老子先生所说的不可强兵于天下，只对了一半。战争、武力不可背弃'道'而不加以约束，只一味好战，贪求胜利，最终难逃灭亡。这是对的。但是，战争既然是关系国家存亡安危的大事，也就是除暴乱、禁争夺，实现和巩固国家一统的重要手段。前人中的明君圣人无不都是极清醒地认识到这一点并谨慎行事的。远的五帝和三王不说，就说近的周文王和周武王。当初商纣王昏庸无道，刚愎拒谏，残暴成性，沉迷酒色，导致仁臣离心，贤士远去，只有小人投其所好、弄权犯奸。小人当权，必然众叛亲离，诸侯起事。文王首先征伐犬戎、密须（西北地区部族），又打败耆国（今山西省黎城县）、崇国（今陕西省户县东）。几年后，周武王利用商纣王朝内乱之际，乘机率领诸侯联军，以武力攻伐消灭商纣，分封诸侯，完成了一统天下的宏伟志愿。这就是战争的结果。这就是以兵强天下。这样的战争就是有'道'的战争。有'道'则必胜。"

鬼谷先生面露微笑，双目炯炯有神。夜光下，他凝视着面前这个年轻人因兴奋而微微发亮的脸庞，静静地听他阐述他对"战争"、对'道'的理解，心中默默赞许："孙武将军果然后继有人啦！"鬼谷先生丝毫不掩饰内心的激动和喜悦，在这山风还寒的深夜，在密匝匝的参天古树下，他向孙伯灵一个人传授着他一生总结出的经验和技艺。他们忘记了时间，忘记了周遭，孙伯灵如饥似渴地汲取着鬼谷先生头脑中的知识和智慧，直到远处天边渐渐露出一线黎明的曙光。

鬼谷先生因为孙庞二人品性不一，资质、领悟力不同，因而决定因材施教。

从此，鬼谷先生每天抽出一定的时间来给孙伯灵、庞涓轮流上课，上午教孙伯灵，下午教庞涓，今天教孙伯灵，明天教庞涓，总给他们俩分开。俩人心想这可能是鬼谷先生的一种特殊教学方法。只好天天分别认真读书。

庞涓心思细腻，主意多，这天他把孙伯灵找到一个僻静所在，悄悄地说："仁兄，先生教我们不一块教，恐怕教的都不一样啊！我们曾对天发誓，共同拜师，共同学艺，我会什么，你就得会什么，你会什么，我也得会什么。像这样如果学的不一样，岂不是违背了当初的誓言？你看这样好不好，以后我们俩每天在一起温习功课，先生讲给你的，你告诉我，先生讲给我的，我告诉你，要是给我们俩讲的都一样呢，就当做是温习一遍，要是给我们俩讲的不一样呢？我们就交替相学，你看怎么样？"

孙伯灵这个人，生性忠厚，根本也没多想，连说："好，好，还是贤弟聪明，不过此事可别让师父知道，不然他老人家会生气的。"庞涓说："那是当然。"

从这以后，每天孙伯灵学的东西告诉庞涓，庞涓学的东西也告诉孙伯灵。俩人这一交换，才发现鬼谷先生教的课很奇怪，给他俩讲的东西时而一样，时而不一样。庞涓对孙伯灵说："怎么样，仁兄，我这谋略还是很有用吧？"孙伯灵笑着说："还是贤弟想得周到。"

这天鬼谷先生让庞涓背课，庞涓有两处背忘了，鬼谷先生说："庞涓哪，看来你貌似精明实在愚蠢，孙伯灵是貌似愚蠢实则精明啊！我给你二人留的同样多的课程，他背的一字不差，你背得忘掉二处，这岂不是天赋于人，不可尽同吗？"

鬼谷先生这几句话，本来是想激励庞涓上进，可庞涓的嫉妒心特别强。他想孙伯灵比我记性好，时间一长他自然要比我学得多，将来下山之后，谋取功名，恐怕也要强于我，看来以后我不能将所学全都告诉他。

第二天庞涓和孙伯灵两个人又在一起温习功课。庞涓说："仁兄，先生今天教你什么啦？"孙伯灵当即把课上所学如实地全部告诉了庞涓。轮到孙伯灵问庞涓的时候，庞涓把眉头一皱，说："因为我上一课的内容没背下来，这次先生什么也没教。"就这样庞涓学十天的东西跟孙伯灵说五天，而孙伯灵学多少东西还是毫不保留地全部告诉庞涓。

光阴如梭，两人上山学艺到了一年，庞涓对孙伯灵说："仁兄，你我学艺一年，都学到了不少本事，只是不知应用起来如何。今天我们把本事演练一番，仁兄，你看怎么样？"孙伯灵说："好，我也有这样的想法。"

说着，孙伯灵用石头子摆下一阵，叫庞涓看是什么阵？庞涓看了说："青龙出水阵。"孙伯灵道："这阵你能破么？"庞涓说："那有何难！"说着拿起树枝把青龙出水阵点破。孙伯灵说："贤弟，你也摆一阵，看我认得么？"庞涓也用石子摆下一阵，孙伯灵看不出，问道："这是什么阵？"庞涓说："就是仁兄你刚才摆的青龙出水阵。"孙伯灵摇摇头说："不像。"庞涓连忙说："因为我摆错了，所以仁兄看不出。"口里虽这样说，内心却暗自高兴："看来他是不如我了，如今我认得出他摆的阵，他却认不出我的阵，自然也无法破解了。"

　　转眼到了公元前 359 年，孙伯灵和庞涓追随鬼谷先生学艺已有三年。三年里，山中花开花败，草荣草衰；山外风云变幻，战争频繁。复杂多变、前途难卜的政治局势逼迫各大国竞相改革，竞相招慕富国强兵的人才，以寻找强国图霸之路。公孙鞅（商鞅）自公元前 361 年去了秦国，很快得到秦孝公的信任，虽然阻力重重，举步艰难，但是，围绕着他"国富兵才强；国不富则兵不强；兵不强则不可摧敌"及"重农战、讲进取、主法治"等一系列政治见解而采取的改革措施正一步一步实施。秦国也在他的改革下日渐强盛。

四、庞涓下山

庞涓每每掐指而算，上山已有三年，便心生浮躁之情。他时常为自己设想下山后的锦绣前程，时常想能像公孙鞅一样投奔一个大国而一展自己的智慧和才能。这样的想法时常侵入他的头脑，占据他的心灵，让他寝食不安、坐卧不宁，看书学习也时常走神。庞涓自以为自己三年里勤勤恳恳，刻苦钻研，已掌握统兵打仗的本领，当个将军、统帅已绰绰有余。只恨没有人推荐、没有如公孙鞅一样的机会。

一日，庞涓正在林间温书，忽听两个同门正在闲谈，其中一个说："师弟，你听说没有，魏国把首都从安邑（今山西省夏县）迁到大梁（今河南开封市）来了！而且魏王现在正张榜纳贤呢！""是么？纳什么贤啊？""我听人说，魏国缺少将才，现在正悬币招贤，说有能为将领兵为魏国立功效力者，赏钱十万，绸缎千匹，功高业显者还可拜为大将军，只是这榜文贴出来了，还无人敢揭呀！"

庞涓听完这话，顿觉热血沸腾，心想："赏钱十万，绸缎千匹，还可拜为大将军！这不正是我苦学兵法的目的么。此时不走，更待何时，英雄难得逢时遇，时遇来时莫迟疑。"庞涓立即起身，急步往鬼谷先生居室走去。

　　来到鬼谷先生门口，庞涓停下了脚步，庞涓心里明白，如果在鬼谷中再呆一、二年，他将能学到更多更广的知识，这对于他将来的发展将大有裨益。可是大梁的诱惑叫他按捺不住，然而先生能放他下山么？庞涓在鬼谷先生的门口徘徊了半天，不知该不该进去。忽然，庞涓想到师兄孙伯灵，鬼谷先生最赏识孙伯灵，如果让他为自己向先生说明心意，也许能成。打定主意，庞涓兴冲冲地去找孙伯灵。

　　孙伯灵听到庞涓的请求，内心为之一动，下山寻求君王赏识，发挥技艺，领兵打仗、征战沙场是这里所有学生的目的。可他总觉得自己还未取得兵法技艺的精髓，还不具备成就大事业的才能。庞涓一见孙伯灵沉默不语，便怂恿说："仁兄，干脆你也和我一起下山吧，咱们一道去大梁。"

　　孙伯灵沉默片刻，摇摇头说："不。""那你去替我向先生说说下山的事儿，如何？先生最看重你，你开口先生一定会答应的。"孙伯灵转过头认真地对庞涓说："贤弟，不是我不帮你说，只是我们技艺未成，便贸然提出下山，不仅令先生失望，更失去了学习更深技法的机会，贤弟，听为兄一句，再学两年，等学成再下山也不迟。"

　　庞涓哪里听得进去孙伯灵的好言相劝，他不高兴地说："仁兄，这可是一次千载难逢的机会，如若把持不住，只怕以后再无此等良机，既然你不愿下山，那我自己去说，相信先生就是再不愿意让我下山，也不会不为我的前途着想，难不成要等到须发全白才去谋得个一官半职吗?!"说完一拂衣袖，起身离去。

　　次日，鬼谷先生给大家授课，讲的是"内楗"。鬼谷先生说：

"君臣上下之间，有的距离很远却很亲密，有的距离很近却很疏远。有的在身边却不被任用，有的在离去以后还受到邀请。有的天天都在君主眼前却不被信任，有的距离君主十分遥远却听到声音就被思念。"

"所谓'内'就是采纳意见；所谓'楗'就是进献计策。想要说服他人，务必要先悄悄地揣测；度量、策划事情，务必要循沿顺畅的途径。暗中分析可行与否，透彻辨明所得所失，以便影响君主的思想。以道术来进言当应合时宜，以便与君主的谋划相合。详细地思考后再来进言，以适应形势。凡是内情有不合时宜的，就不可以实行。要善于揣量切摩形势，从便利处入手，来改变策略。用善于变化来寻求进言被采纳，就像以门管来接纳门楗一样顺当。"

"凡是谈论过去的事情，要采用顺畅的言辞，凡是谈论未来的事情要采用容易、变通的言辞。善于变化的，要详细了解地理形势，只有这样，才能沟通天道，化育四时，驱使鬼神，附和阴阳，牧养人民……"

此时的庞涓因为一心想着如何向先生说明自己的心意，并没有仔细聆听鬼谷先生的教诲。鬼谷先生如何能不明白庞涓的心意，单看他坐立不安、眼神飘散，就明白庞涓心中一定有事。然而先生并没有理会烦躁不安的庞涓，仍旧细条慢理地阐述他一生修为的经验理论。

"所以说，与君主相距很远却被亲近的人，是因为能与君主心意暗合；距离君主很近却被疏远的人，是因为与君主志向不一；就职上任而不被重用的人，是因为他的计策没有实际效果；革职离去而能再被反聘的人，是因为他的主张被实践证明可行；每天都能出入君主面前，却不被信任的人，是因为他的行为不得体；距离遥远而只要能听到声音就被思念的人，是因为其主张与决策都与君主相合，正等他参加决断大事。"

可惜庞涓心思全系在高官厚禄、为将领赏上，不愿再听鬼谷先生的精辟理论，更没能领悟鬼谷先生话中的深妙道理。

好不容易挨到下课，等其他学生都散去，庞涓来到鬼谷先生近前，刚唤了一声："先生"，鬼谷先生抬起头，平静地说："庞涓，你是想下山吧。"

庞涓惊讶地立在原地，完全没有料到鬼谷先生早已知道他的来意。"先生，您、您怎么知道?"看着神情紧张，不知说什么好的庞涓，鬼谷先生微笑着说："这几天，魏惠王悬币招贤的消息在学生中传得沸沸扬扬，为师岂有不知之理呀。只是其他人学业未成，还不敢下山应招。你和孙伯灵已上山三年，算是学生里学习比较久的，这几天看你心神不宁，无心学习，为师便知你一定是为了此事烦恼。"

庞涓见鬼谷先生并没有责备的意思，继续说："先生，我的确是想应招，只是学业未满恐怕……"鬼谷先生说："你把门外的孙伯灵叫进来。"原来，孙伯灵因为知道庞涓的心意，唯恐他与先生表明时惹得先生生气，就立在门外并没有离去。

孙伯灵听到鬼谷先生召唤，便与庞涓一同来到先生面前。鬼谷先生说："孙伯灵，如今魏国张榜招贤，寻求将才，以庞涓的能力，能不能应招?"孙伯灵看了看庞涓，庞涓急忙向孙伯灵使了个眼色，孙伯灵说："先生，三年多来，蒙先生教诲栽培，我师弟庞涓足可以出山为将，统兵带队了。"庞涓在一旁忙说："师兄过奖了。"脸上却露出得意之色。鬼谷先生说："伯灵，你与庞涓相比，自觉如何？"孙伯灵说："我自觉不及。"

鬼谷先生呵呵一笑对庞涓说："庞涓，我知道你的心意。学为了用，你既已觉得自己学成，想下山谋取功名，这是你的志气，我不会拦你。"说完又转过头对孙伯灵说："你二人虽然一同进山，但天赋不同，收效各异，起初你强于他，如今他超过了你。他已成器，你尚待雕琢。你帮你师弟收拾行李去吧，他日等你学成再帮你师弟共成大事。"孙伯灵拱手说："仅尊先生教诲。"

庞涓听到鬼谷先生这一番话心里高兴异常，连忙说："是，先生训教，学生敢不牢记，何况我与师兄是八拜之交，我庞涓若发迹怎么能忘了师兄！"

"好，那你们收拾东西去吧！"

第二天，庞涓收拾好东西，来向鬼谷先生辞行。庞涓说："先生，进山三年多蒙先生教诲，此恩此情，终生难忘，告别之际，请受弟子一拜。"庞涓说完跪在地上给鬼谷先生磕了三个头。磕完头，庞涓又说："此次下山，不知何日再见先生，先生还有什么嘱托？"

鬼谷先生把他扶起来，说："庞涓，对于一个纵横家来说，如果没有高尚的品德，超人的智慧，不可能通晓深层的规律，就不可能驾驭天下；如果不肯用心苦苦思考，就不可能揭示事物的本来面目；如果不会全神贯注地考察事物的实际情况，就不可能功成名就；如果才能、胆量都不足，就不能统兵作战；如果只是愚忠呆实而无真知灼见，就不可能有察人之明。所以，要首先自我估量聪明才智，然后度量他人的优劣长短，分析在远近范围之内还比不上谁。只有在这样知己知彼以后，才能随心所欲，可以前进，可以后退；可以合纵，可以连横。你可记下了？"庞涓的心早已飞到山下，飞到了魏国，他未及多想连忙说："请先生放心，您的话学生已经牢记在心。"

"好，走吧，走吧。"

"先生，我告辞了。"说着，庞涓拿着行李，离开了鬼谷先生的居室。

孙伯灵送庞涓下山。一路之上，二人真有说不完的深情厚谊，想起同窗三载，感慨万千。尤其是孙伯灵，抓着庞涓的手，几次热泪盈眶，对庞涓嘱咐又嘱咐，很怕他受苦。孙伯灵一直把庞涓送到山下，仍难分难舍。及分别时，庞涓也有些感动，他走到孙伯灵身边，真诚地说："仁兄，咱们一同上山，跟先生一起学艺三年，彼此相熟就像亲兄弟一般。这几年里，小弟多亏有仁兄照顾，还从仁兄处学到不少技艺。小弟就此拜别仁兄了！"说罢，双手抱拳，对孙伯灵深施一礼。

孙伯灵急忙扶起庞涓，说道："贤弟！几年来的朝夕相处，我们一起学习、共同钻研，演习练兵、切磋剑术，春种秋收、砍柴摘果，每天形影不离、情同手足，而此时分手，不知什么时间才能聚首。"说着，眼泪像泉水般涌出眼眶。

庞涓此时虽然恨不得马上到达魏国，但对这位待人敦厚善良且又聪慧盖世的兄长的深情厚谊也不禁动了真情。他握着孙伯灵的手说："仁兄放心，此次我庞涓下山，一定要谋得功名，等到我拜得高官，我会马上举荐仁兄，接仁兄和我一同享受荣华富贵。"

孙伯灵感动的泣不成声，紧紧抱住庞涓。庞涓对天发誓说："皇天在上，我与仁兄义结兄弟三年，此次下山，一旦功成名就，富贵加身，定不忘仁兄，也要为我的仁兄求取功名，决不食言。如有违约，叫我庞涓死于乱箭之下、乱刀之中！"

孙伯灵心中不舍，但又不能强留，只好目送庞涓越走越远。

五、兵书传承

庞涓下山后，孙膑跟随鬼谷先生更加努力地学习。只是一想到庞涓下山，二人分别，不得相见便顿感难过，因此，连日来一直闷闷不乐。

鬼谷先生见到爱徒心思沉闷，上课时也不如以前神采飞扬、侃侃而谈，心中明白孙伯灵思念庞涓，于是下课后唤来孙伯灵，问道："伯灵，你师弟庞涓离去数日，我看你一直闷闷不乐，是不是也想下山成就事业？"

孙伯灵摇摇头，说："先生，庞涓与我三年同窗，且有结拜之交，亲如手足，一朝分手，我的确很想念他，因而难过。我学业未完，并不想下山。"

鬼谷先生说："不要难过，假以时日，你若下山，定会比你师弟强。"

孙伯灵谦虚地说："先生过奖了，我不如师弟。"

鬼谷先生笑笑，问道："你以为庞涓此去可以建功立业吗？"

一句话把孙伯灵问愣了，不解地问："先生，庞涓是您的亲授弟子，得您亲传，平日学习刻苦用功，怎么不能建功立业？"

鬼谷先生轻捻胡须说："未必，未必呀。"

"那您为何还要让他下山？"

鬼谷先生说："他如今是心烦技痒，急待去炫耀于人，强留他在山中，也无心学习，因此不如放他下山去吧。"

孙伯灵一听，的确是这个道理，他的这个师弟是个急性子，自己认定的事儿一定马上去做，拉都拉不回。从此，孙伯灵更加用功学习，希望早日下山帮助师弟庞涓。

这天，鬼谷先生又和孙伯灵研讨兵法，鬼谷先生说："目贵在明，耳贵在聪，心贵在智。借用天下人的眼睛为自己观察，就能够无所不见；借用天下人的耳朵为自己倾听，就能够无所不闻；借用天下人的心智为自己思考，就能够无所不知。"

孙伯灵说"先生，您说过，聪明人无论做事还是说话，都不用自己的短处，而用对方的长处；不用自己的笨处，而用对方的巧处，这样，就永远不会遇到困难。"

"这就叫做因势利导，不但要了解自己，更要了解对方。对敌作战则要了解敌人将领和士兵气势。敌人正想要计划做的事不要去制止他，相反地要去引诱他，坚定他的决心，让他按照你的方案行动，最后落入你编织的网中。"

孙伯灵说："这就是说聪明的将帅考虑问题时，必须兼顾到敌我利害的两个方面。在不利的条件下看到有利因素，大事方可顺利完成；在顺利的条件下看到不利的因素，祸患才能解除。因此，用兵的法则是：不要寄希望于敌人不来，而要依靠自己做好的充分准备；不要寄希望于敌人不进攻，而要依靠自己拥有的力量使敌人无法取胜。"

鬼谷先生既惊又喜："孙伯灵呵，为师的学问你已经学成了！"鬼谷先生两眼射出烁烁光芒，他一生都不曾收到这样的学生，他所教授的众多学生中，还没能有谁像孙伯灵这样人品优良、聪慧过人，且仪表堂堂。鬼谷先生的人生经验告诉他：善恶在心而形于貌，表端则心正，表欹则心曲。他的总结是：青云之上，貌如奇玉；泉石之客，形若岩松。更重要的是，他信奉用兵打仗是国家大事，不具备大智大勇则不能战胜敌人；不能战胜敌人则要亡国亡土。因此，他常挂于口的一句话是："材质不惠，不能用兵"。

孙伯灵见先生给予他很高的评价，心中并无喜悦，他谦虚地说："先生过奖了，学生如有一知半解也是先生教导的结果。"

鬼谷先生沉吟片刻，进到内室，出来时手中抱着一卷书卷。鬼谷先生庄重地把外面的包皮解开，孙伯灵看到里面是一卷保存得很好的竹简书。

鬼谷先生把书抱过来之后说："伯灵，这是什么书你知道吗?"

孙伯灵说："弟子不知。"

鬼谷先生说："这是你曾祖父孙武子亲传下来的《孙子兵法》十三篇，称得起当今世上无价之宝。"

孙伯灵闻听，不胜惊喜，说："先生，弟子曾耳闻曾祖父有此书却不得一见，没想到原来在师父手中。"

鬼谷先生说："伯灵，当年你曾祖父孙武将此书献给吴王阖闾，阖闾按此兵书大破楚军。后来，阖闾深知此书是珍奇之物，故此从不外传，把它锁在铁柜之内，又将铁柜藏于姑苏台之中。后来阖闾死去，越兵火焚姑苏台，兵书一并销毁，人世上再不见流传。所幸的是当年我曾与你曾祖父深有交往，他曾将他的手稿交付于我，并又亲自注解，行兵秘密，尽在其中。得此书者，可攻无不取，战无不胜，思无不到，谋无不成，得意于疆场，无敌于天下……我存此书，未曾传人。今见你为人忠厚，聪慧过人，又因你是孙武后人，因此把它传授于你，也算是物归原主。希望你能将前辈的事业发扬光大！”

孙伯灵听完，激动万分，连忙下拜说：“谢谢先生，弟子感恩不尽，请受弟子一拜！先生放心，弟子一定用心攻读，用心研究，绝不辜负先生厚望。”

鬼谷先生也很兴奋，说道：“《孙子兵法》决非一般兵法可比，它乃经天纬地之作。如果说世上的兵书是百花的话，那它就是花王牡丹；如果说世上的兵书是人的骨骼皮肉的话，它就是人的精髓。精通它，就精通安邦治国的文韬武略，就可以为帝王之师，千军之将。这部兵法关系到一个国家的存亡继绝，军队民众的胜败生死，断不可轻视。从明天起，我们开始学习《孙子兵法》，你就住在我后面的小屋中，饮食由仆童送来。你能不能学成，不在于是否背得出这十三篇，而在于是否能领悟这十三篇。因此，关键就在于你是否澄心凝想，启动神思，真正体悟十三篇的要言妙义。”

“是，先生，弟子记下了。”

从此，鬼谷先生白天授课，晚上就向孙伯灵传授兵书，给他细讲详批，孙伯灵在一旁，注目静听，心领神会。鬼谷先生给他讲完后，便让他独自研习。

孙伯灵从这之后，就像着了魔一样，天天琢磨这十三篇兵法，越琢磨其中奥妙越深，真是：钻研勤有味，探究进无穷。孙伯灵心想什么时候能够亲临疆场，排兵布阵呢？他真希望快点儿学成，好与贤弟庞涓一起建功立业。

这天，鬼谷先生授完《孙子兵法》十三篇后，向孙伯灵询问他的学习情况。

"伯灵，你说一卷给我听听。"

孙伯灵想了想，说："那我就说第一卷'始计'。孙子说：战争是国家大事，是军队生死的所在，是国家存亡的关键，不能不认真对待，并加以考察。因此，要用经过对敌我五个方面比较而定的计谋去研究它，以探索战争的情势。一是道，二是天，三是地，四是将，五是法。所谓'道'，就是让民众与君主的意愿一致。这样，他们就可以为君主生，为君主死，而不畏惧危险；所谓'天'，就是指昼夜阴晴、寒冬酷暑、春夏秋冬；所谓'地'，就是指远途近路、险阻平地、地域宽窄、死地生地；所谓'将'，就是指将帅的智谋、诚信、仁慈、勇敢、严明；所谓'法'，就是指军队的组织编制、将吏的管理、军需的掌管。凡属这五个方面的情况，将帅都不可以不知道。了解这些情况的就能胜利，不了解这些情况的就不能胜利。所以，要通过对双方情况的比较，来探索战争的形势和发展。就是说：哪一方君主更贤明？哪一方将帅更有才能？哪一方天时地利有利？哪一方法令能贯彻执行？哪一方武器装备更精良？哪一方兵卒训练有素？哪一方军纪赏严罚明？我根据这些就能够判断谁胜谁负。作战要造成有利的态势，作为外在的辅助条件。所谓有利的态势，就是根据对自己有利的情况，掌握作战主动权。"

"用兵应以诡诈为原则。所以，能打而装作不能，要打而装作不打，向近处而装作向远处，向远处而装作向近处。敌人贪利，就引诱他；敌人混乱，就攻取他；敌人力量充实，就要防备他；敌人兵力强大，就要避开他；敌人气势汹汹，就要劳累他；敌人内部团结，就要离间他。在敌人毫无防备之处发动进攻，在敌人意料不到之时采取行动。这是军事统帅指挥作战的奥妙。"

"开战之前就预计能够取得胜利的，是因为胜利的条件充分；开战之前就预计不能取得胜利的，是因为胜利的条件不充分。筹划周密就能胜利，筹划疏漏就不能胜利，何况不筹划呢？根据这些来进行观察，谁胜谁负就非常清楚了。"

鬼谷先生轻捻胡须，微笑着频频点头。之后鬼谷先生又问了"作战"、"谋攻"、"军形"、"兵势"、"虚实"、"军事"、"九变"、"行军"、"地形"、"九地"、"火攻"、"用间"，孙伯灵均思路畅通，对答如流。

鬼谷先生沉吟片刻，言辞恳切地对孙伯灵说："做人做事做学问，优劣高下无非是在这'悟'字上分出差别来。我讲过的《周易·系辞》中'尺蠖之屈'那段话你还记得吗？"

"弟子记得：'尺蠖之屈，以求伸也；龙蛇之蛰，以存身也。精义入神，以致用也；利用安身，以崇德也。'对吗？"

"嗯，没错，那么说说你的理解。"

"这段话的意思是说，无论是尺蠖那样的柔弱小虫，还是像龙蛇那样的庞然大物，只有会屈才会伸，只有善于安身才能存身，只有善于退缩才能更好地前进。先生，我回答得对吗？"

鬼谷先生点了点头，又说："《周易》这段话是当年文王的体悟，当时商纣王何等强大，把文王拘于羑里，还把文王的儿子杀了，做成肉羹让他喝下。文王为了成就自己的大业，以屈求伸，含着眼泪喝下了肉羹。他后来使周族强大起来，其子武王即位后，终于灭掉了商纣王。"

孙膑静静地听着。鬼谷先生接着说："越王勾践为了战胜强大的吴国，十年生聚，十年教训，卧薪尝胆，屈身为奴，终于达到了自己的目的。"

　　"先生，你是说，要善于从平常的事情中体悟出经国治军的道理，才称得上是'悟'，我的理解对吗？"

　　鬼谷先生见孙膑天资聪颖，一点就通，心里十分高兴，"你记得《老子》第八章关于'上善若水'那段话吗？"

　　"记得。老子说：'水善利万物而不争，处众人之所恶，故几于道。居善地，心善渊，与善仁，言善信，政善治，事善能，动善时。'"

　　"很好。你要记住这段话，更要实行这段话，也不要忘了我今天对你讲的这段话。什么叫'心善渊'呢？就是要像深渊那样深不可测；什么叫'动善时'呢？就是要像飞瀑那样乘时而动。你懂了吗？"

　　"弟子懂得了。"

　　鬼谷先生微微一笑，将了将胡须说道："真正懂得它的含义是不容易的，事非经过不知难啊！水之喻太深奥了。它似乎可圆可方，但是你握之不得。平静时寂然无声，奔放时汹涌澎湃。这也就是兵法，懂了吗？"

　　"懂了，兵法《十三篇》许多地方便是以水喻兵。"

　　"你以为以水喻兵，那么，真正的要诀是什么呢？"

　　"那就是水性的阴柔难测。在兵家就是诡道，虚虚实实，变化万端。"

　　"你要记住，唯有'不意'二字最为紧要。我问你，'不意'的战法如何表现？"

　　"敌人放胆急利，半路邀击是'不意'；敌人恃强自傲，设险伏击也是'不意'……"

未及孙伯灵说完，鬼谷先生哈哈大笑，说："太好了，看来孙武子后继有人了！"

转眼两年过去了。

渐渐的，孙伯灵开始盼望庞涓的消息，庞涓下山至今没有音信，不知他去到魏国是否平安、仕途如何，孙伯灵还记得庞涓下山时承诺说要举荐他，一起建功立业。

这一天，孙伯灵正在林间用石头子在地上排兵布阵，一个仆童跑过来叫他："孙师兄，先生叫你快去！"

"什么事呀？"

"山上来了客人，找你去见见呢。"

孙伯灵心想，难道是庞涓贤弟派人来接我了，高兴得他一跃而起，急匆匆地向先生居室跑来。进门一看，有一个老先生正和鬼谷先生相对而坐，喝着清茶在那聊天。这位老先生头绾发髻，身穿青色袍服，脚蹬草鞋，腰间束了一条葛藤，一副超凡脱俗，云游四海的模样。

见孙伯灵进来，鬼谷先生笑着对孙伯灵说："伯灵，来来，今天我给你引见一位出道高人、旷世奇才。"说着，指着对面的老先生，"这位就是大名鼎鼎的墨子，墨翟先生。"

孙伯灵对着墨翟恭敬地深施一礼，叫了声"墨翟先生"。

墨翟见身旁这位青年人一脸英气，双目间闪烁出智慧和勇武，便问孙伯灵："你叫什么名字？"

孙伯灵连忙谦恭地回答："学生姓孙名伯灵。"

鬼谷先生问孙伯灵："你可知道墨翟先生是何等高人？"

孙伯灵笑着说："知道，墨翟先生的大名，弟子早有耳闻。当年，楚国公输班（即鲁班）为楚国制造了攻城的云梯，准备进攻宋国。这个消息传到墨翟先生耳中后，墨翟先生步行千里，赶到楚国国都郢去见公输班。墨翟先生说：'我在宋国就听说过您的大名。我想借你的手去杀人。'公输班说：'我向来就讲究仁义，从不杀人。'墨翟先生说：'听说您制造了云梯，将要用它去攻打宋国。宋国有什么罪过？讲仁义不杀人却帮助军队进攻别国，这是不杀少而杀多。请问进攻宋国有什么仁义？'公输班听了这番话信服了，墨翟先生又请求公输班为自己引见楚王。先生见到楚王说：'现在有这样一个人，他舍弃自己雕饰精美的车子，却想偷窃邻居家的破车；舍弃自己锦绣的衣服，却想偷窃邻居家的粗布短衣；舍弃自己的米肉，却想偷窃邻居家的糟糠。这是一个什么样的人呢？'楚王说：'这人一定有病，一定有偷窃病。'先生又说：'楚国土地方圆五千里，宋国方圆五百里，这如同装饰精美的车和破车；楚国有云梦泽（今湖北省境内长江、汉江流域），犀牛、野牛、麋鹿充满泽中，荆江（今长江）、汉水（今汉江）出产鱼鳖、大鼋，是天下出产最多的地方，而宋国是人们所说的没有野鸡、兔子和鲫鱼的地方，这如同米肉和糟糠；楚国有高大的松树、有漂亮的梓树，宋国却没有高大的树林，这如同锦绣衣服和粗布短衣。因此臣下认为大王让你的军队进攻宋国，则与上述同类。'楚王说：'你说得很对！'因此决定不去进攻宋国。"

墨翟"哈哈"大笑着说："鬼谷先生，你的这位高徒可不一般啊。"

鬼谷先生高兴地说："怎么，你也相中了我这个学生？这可是我最得意的弟子。"

墨翟说："你的学生，哪有不好的？听说魏国惠王新拜了个大将军，就是你的门下，名字叫庞涓的。"

孙伯灵一听，暗自高兴，庞涓贤弟果然当上大将军了。孙伯灵立在一旁，仔细倾听。

鬼谷先生呵呵一笑："庞涓的确是我的学生，不过和伯灵比，他只是学了些皮毛而已。"

"哦？既然令徒有如此高深的技艺，为何不让他下山建功立业啊？"

"伯灵的学业刚刚完成，还需时日巩固、了悟，下山也是指日可待。"

墨翟转头问孙伯灵："不知你想去哪国建功立业？"

孙伯灵回答说："两年前我与庞涓贤弟相约，等我学成后便与他会合一同建功立业。"鬼谷先生看了看孙伯灵，并未说话。

墨翟说："嗯，正好我要路过魏国，我派弟子帮你打探一下，如果真是你师弟当了大将军，就带个口信给他，让他接你下山，你看如何？"

孙伯灵当即拜倒："多谢墨翟先生！"

六、孙膑入仕

西周初年（约前 11 世纪），周成王把唐地（今山西翼城西）封给弟弟叔虞，取名晋国。晋国在春秋时代原为中原北方第一大国，其土地西起今陕西省白水洛水，中亘今河南省西部崤山渑池与嵩山伏牛山脉，东有黄河（今于卫河）南北、邢（今河北省邢台县）、邺（今河南省临漳县南）及大梁（今河南省开封市）之地。经过一千多年的沧桑巨变、更朝换代，到公元前 403 年，晋国大夫韩虔、赵籍、魏斯三家自立为诸侯，晋国被分裂为韩国、赵国、魏国三个诸侯国。三家分晋后，赵、魏、韩三国仍各为中原大国。

公元前 506 年，吴国军队在孙武、伍子胥的率领下攻伐楚国，攻破楚国国都郢邑之后，吴王夫差于公元前 482 年为称霸中原在战败齐国、威服鲁、卫等诸侯基础上，与晋国、鲁国二国国君以及周卿大夫单平公相会于黄池（今河南商丘市）。在这次黄池之会上，吴王夺得了盟主地位。

越王勾践在公元前 494 年的夫椒之战中被吴国军队打得大败，仅剩五千兵士退守夫椒（今江苏省苏州市）。在几乎亡国的情况下，越王勾践卑辞求和，越国成为吴国的属国。之后，勾践卧薪尝胆、发奋图强，任用范蠡、文种，对内亲抚百姓，休养生息，对外结好楚、齐、晋等国，经过"十年生聚，十年教训"，越国的国力渐臻强盛。公元前482年，勾践趁夫差北上争霸，国内空虚之机，首次率军攻入吴国，大败吴师，并杀死吴太子。吴王夫差在黄池大会上虽争得霸主地位，但由于国家长期穷兵黩武、民力凋敝，已很难对付崛起的越国，加上楚国从西面夹攻吴国，吴渐渐不支。公元前473年，越军在数次击败吴师后，包围吴师，吴王夫差被迫自缢，吴国灭亡。越灭吴后，勾践循吴故辙，率兵北上，大会诸侯于徐州（今山东省腾县），一时被众诸侯尊为霸主。

吴王夫差和越王勾践一先一后崛起的时候，中原诸侯非常衰弱。也正因如此，黄池大会，夫差当上了霸主；徐州大会，勾践当上了霸主。可是，中原诸侯越是衰弱下去，大夫们的势力越发大了起来。那时候，鲁国的"三桓"把持着鲁国的大权（三桓即鲁国三家大夫——季孙氏、叔孙氏、孟孙氏），齐国的田恒把持着齐国的大权（田恒，即陈恒，陈完之后，当时为齐国相），晋国"六卿"把持着晋国的大权。鲁国、齐国和晋国的国君均成了挂名的国君。黄池大会后，田恒杀了齐简公，灭了鲍、晏、高、国四家，把齐国的土地从安平以东（今山东省青州市）都作为自己的封邑，齐国的政权、军权均把持在自己的手中。晋国的"六卿"眼见田恒杀了国君，灭了各大家族，还得到了齐国人民的拥护，于是他们也开始自己互相吞并起来。

晋国的"六卿"乱七八糟混战了一气，最终，范氏和中行氏被打散出逃，赵氏、魏氏、韩氏和智氏把两家败散的贵族土地瓜分了。晋国国君晋出公很生气。他以为范氏和中行氏既然被灭了，土地就该归还公家，四家大夫怎么私下里就分了呢？那时候，各国的大夫占有大量的土地，直接统治剥削着人民，势力超过国君。各国大夫为了保持自己的势力，对待百姓的态度比国君对待他们稍好一些，因此百姓宁愿奔向大夫的领地，而逃避国君的压迫和虐待。晋出公一生气，就暗地里派人去约齐国和鲁国军队来征伐四家贵族。齐国的田恒和鲁国的"三桓"反把晋出公的计划向晋国智家泄了底。智氏得知情况后于公元前458年联合三家一齐对付晋出公。晋出公外逃死在半路，四家于是把晋昭公曾孙拉出来当了挂名国君，就是晋哀公。

晋国的四家大夫——智伯、赵襄子、魏恒子、韩康子之中，智伯势力最大。

智伯早存独吞晋国之心，这时，他以增强晋国实力以称霸中原为借口向另外三家各索要一百里的土地和户口。韩康子如数交割了，魏恒子也如数交割了。于是智伯的领地便轻而易举地增加了二百里。唯独赵襄子不给。于是智伯就联合韩、魏发兵攻打赵襄子，想一举灭掉赵襄子，进而瓜分他的土地。

智伯亲率中军，韩军在右，魏军在左，三队人马直奔赵氏领地。赵襄子自知寡不敌众，于是率领兵马退进晋阳（今山西省太原市南晋源镇），打算在那里死守。

晋阳城是赵家最严实的一座城。早年赵氏家臣尹铎奉命治理晋阳，临行前尹铎请示说："您是打算让我抽丝剥茧般地搜刮财富呢，还是将其作为保障之地？"赵氏说："当然是保障之地。"于是，尹铎便少算居民户数，减轻赋税，善待百姓。因此，赵氏在晋阳有着最牢固的群众基础，晋阳成了赵氏最有力的保障。

凭着弩弓和弩箭，赵襄子率将士们整整守了一年。后来，赵家拆宫殿的围墙做了无数箭杆，毁宫殿的铜柱做成无数箭头，百姓们也由于早年赵氏家臣安抚有方，此时与赵家同生共死，誓与城邑共命运。

三家的兵马把晋阳城围了两年多，没打下来，到了第三年，即公元前453年，智伯想出一个绝妙的攻城方法：引晋水淹晋阳城。他派士卒在晋水河边挖一条河道，一直通到晋阳城下，又在上游砌了一个很大的蓄水池。把晋水用坝截住，让晋水改道流进新挖的河道直灌晋阳城。这时候，正逢雨季，大雨一连下了几天几夜，蓄水池的水满了，智伯让士卒开了豁口，大水便向晋阳城直灌进去。不到几天，城里房子多半被淹，老百姓们跑到房顶上避难。木板、竹排被当成小船，烧火、做饭都上了城墙。可是，赵襄子的百姓宁可淹死，也绝不投降。

晋阳城的城墙没有被水淹的只剩三版高了（版，古代筑城用的夹板。一版高约为二尺），赵襄子恐怕城毁家亡，便派家臣暗中以"唇亡齿寒"的道理策反韩、魏两家。

这天夜里，智伯被一片嘈杂声吵醒，醒来一看，衣被全泡在水中。起先，他以为堤坝开了口子，淹了他的兵营，等弄清情况，他才知道灭顶之灾来临，原来是韩、魏倒戈，放水淹了他的军营。只见他的军营里汪洋一片，士卒们在水中挣扎哭喊，情况十分危急。智伯正惊魂未定之时，忽然四面响起战鼓，赵、韩、魏三家的士兵坐着小船和木排，一直围杀过来，最后智氏全军覆没，满门被斩，智氏的土地被赵、韩、魏三家分而治之。

相传夏禹当年收天下之金（古时金也指铜）铸成九鼎，象征九州，后历代皇帝都把九鼎看成是国家政权的传国之宝，成汤把它迁于商邑（今河南省商丘市），周武王迁之于洛邑（今河南省洛阳市）。公元前403年，九鼎震动。同年，周天子周威烈王册封魏、赵、韩三家为诸侯。也正是从这一年起，我国历史上掀开了战国时代七雄争霸的篇章。

战国初期到庞涓下山任魏惠王大将军这段时期，魏、赵、韩、秦、齐、楚、燕七大国中，魏国财富最丰、国家最大、兵力最强。魏文侯（即魏恒子的孙子魏斯）英敏而有才略，他礼贤下士，揽用人才，多方贤士仰慕而归，先后有吴起、任座、翟璜、李悝、西门豹、魏成、乐羊、屈候鲋等文武将才为他所用。魏文侯利用三晋的历史关系团结赵、韩两国，南拒楚，西拒秦，东拒齐。

赵、韩两国国君也敬佩魏文侯修德行仁、明礼知义，因此，魏文侯在位时期为魏国最强盛的时期。公元前387年，魏文侯卒，其子子击即位，就是魏武侯。武侯在位共十六年，不能继承文侯之志，初即位便听信魏相公叔痤之谗言，迫使吴起弃魏奔楚。吴起到了楚国，即被楚悼王拜为国相。楚国在吴起治理下渐渐富强起来，魏武侯失去吴起，无异于自毁长城。之后，武侯又废弃了联合赵、韩的策略，帮助赵国公子朝与赵国国君赵敬侯争夺君位，挥师助赵国公子朝袭击赵国都邯郸（今河北省邯郸市），失败而归。魏、赵首先显现出裂痕。

之后，魏国由于韩国北进而与韩发生冲突，过了两年，魏军与赵军又交战于兔台（今河北省境内）。至此，三晋彻底打破历史关系而自我谋求扩张，相互为敌，相互攻伐消耗国力。在此期间，齐国国相田和将齐康公放逐于海边，只留一城之地作为他的食邑，田和成了齐国实际的掌权者。

公元前389年，田和在魏文侯的帮助下，被周安王封为诸侯。十年后，康公死去，至此齐国尽归田氏（即当初逃到齐国的陈国公子完的后代）手中。田氏几代均以"仁爱"对待民众，这时新人新政，锐意图强，齐国据山海之利、兴工商之业，国力渐渐强盛起来。公元前384年，秦献公即位，将国都由雍州（今陕西省凤翔县）迁到栎阳（今陕西省临潼县东北），秦国自知本国自黄河和肴山以东有六大国并存。秦国地处偏僻的雍州，被中原各国诸侯排挤，诸侯们像对待夷狄一样对待秦国。献公立志图强，多次起兵与魏争夺河西之地（今黄河西岸）。楚国任用吴起为相，国力日渐强盛。此时，魏国内结怨于赵、韩两国，西有秦国争河西之地，南有楚国北侵，东有齐国西伐，深陷于四面交战之局。魏国所幸文侯奠定的基业雄厚，兵力尚强，武侯才得以勉强保住国家。

公元前370年，赵国、韩国两国趁魏武侯卒，魏国内乱之机联合攻伐魏国，在浊泽交战（今河南省沁阳县），魏军大败，魏国国君被围困。正在这危险之时，赵侯主张杀死魏君，另立国君，韩侯主张把魏国分成两半，魏国将不如宋、卫等小国。两诸侯意见不合，于是各领自家兵马连夜离去。因此魏国没有被分裂，而魏国国君也得以保全性命。

这个没有死的魏国君就是魏惠王。

魏惠王二年，魏国再次与赵、韩交战，在浊阳（今山西省长子县浊漳河之南）击败赵军，在马陵（今河南省温县西北）击败韩军。魏惠王三年，齐军伐魏，战于观津（今山东省观城县附近），魏军大败，惠王割观地以求和。惠王从即位第三年至十七年的十五年间，正值秦国献公与孝公两代交替之际。十五年里，秦国与魏国争夺黄河以西土地大战六次，其中石门之战，秦国斩灭魏军六万。正是在此期间，公孙鞅离魏去秦，被秦重用，展开变法，秦国国力日渐强盛。魏惠王为防秦国东侵，曾多次联合赵国、韩国来抵抗秦，但同时为了夺取赵、韩土地，也曾攻伐赵、韩，并曾败赵、韩联军于浍（今山西省翼城县）。此时的魏国，东拼西杀，多方作战，国力渐显疲惫。

恰是在此时，庞涓下山走进了魏国国都——大梁。

庞涓来到魏国，正值将军尉缭与丞相不和，愤而离魏，去了秦国。魏惠王正为此事日忧夜虑，听说鬼谷先生的另一位高徒前来投奔，喜出望外，当即召庞涓觐见。惠王久慕鬼谷先生学识，一见庞涓体魄粗犷是块行武材料，又听庞涓说话声如钟响，心中便喜欢了三分。

君臣坐定后，惠王问起用兵打仗之事。庞涓拜在鬼谷子门下三年，又常从孙伯灵那学到许多知识，因此，旁征博引，向惠王阐述他对用兵打仗及诸侯称霸的见解，从周文王、周武王用太公姜子牙、周公旦联合诸侯而灭商纣，说到齐桓公二次被鲁国打败而重用管仲国富兵强称霸一时，又说到吴王夫差用孙武、伍子胥，越王勾践用范蠡、文种而先后称霸中原。庞涓所知有限，但谈吐气势非凡，每说到诸侯称霸一时时，他就热血沸腾、声如洪钟。

魏惠王被他的谈吐气势所感染，加上国内人才尤其是统兵打仗的将帅之才奇缺，惠王求将若渴，听完庞涓的一番议论，心中有意要拜他为大将军，于是又说："我国东有齐国、南有楚国、西有秦国、北有赵、韩、燕，军力不相上下，我国常处于不利形势。可恨赵国夺我中山（魏于公元前406年灭中山国），此仇至今未报，不知先生有什么良策妙计？"

庞涓说："大王不用微臣便罢，如用微臣，我敢说战必胜、攻必克、称霸六国而兼并天下，区区一个中山之仇何愁报不了呢？"

惠王说："大话好说，实际做起来恐怕不那么容易。"

庞涓发誓说："臣是倚仗自我之才而说此番话的，如果大王给我十万精兵，我保证打遍六国无敌手，若辜负王命，有辱国威，我甘愿领车裂腰斩的死罪！"

"好，君子一言驷马难追。"惠王当即决定派给庞涓十万精兵，委任其为统兵将军。

庞涓整顿军队，先入侵东面的卫国、宋国，后侵南面的郑国。卫、宋、郑均为小国，都敌不住魏国强大的军力，纷纷臣服求和，庞涓可谓屡战屡胜，深得惠王欢心赏识，加上庞涓为人颇有心计，巧舌如簧，所以逐渐得到魏惠王的宠信，不久就被拜为大将军。之后，齐国军队攻打魏国边邑，庞涓率魏军抵御，将齐军打退。庞涓回到大梁便更加骄气横生、孤高兀傲起来。

庞涓当上了将军，虽然趾高气扬，目空四海。但也时常心中不安。他时不时便想起早前对师兄孙伯灵的诺言。庞涓认为，孙伯灵是吴国大将孙武的后代，统兵打仗无师自通，鬼谷先生又偏爱于他，肯定背地里多传授他许多，孙伯灵文才武略都在自己之上，别说一个庞涓，就是十个恐怕也不及他一人。如果实现自己的诺言，把孙伯灵推荐给魏惠王，他一旦来魏，自己恐怕要失去将军之职，魏王一定欣赏于他孙伯灵而冷落我庞涓。可是如果违背自己的诺言，一旦孙伯灵下山投奔他国，无论在哪国求职均能够得到将帅之职，将来一旦在战场上与他决战，恐怕就更不是他的对手。这种矛盾处境，使庞涓惴惴不安。庞涓决定暂时不去管孙伯灵，假装公务繁忙忘了这事儿。

这天，庞涓接到一封书信，打开一看，是墨翟的弟子向其转告孙伯灵的情况，提醒他当年下山答应举荐孙伯灵的事儿。庞涓一看，这事儿是躲不过去了，于是决定将计就计，把孙伯灵接到魏国，想办法留在自己府上，这样既不失信于孙伯灵，又不让孙伯灵有用武之机，从而减少一个竞争对手。

庞涓打定主意，就派人带着自己给师兄孙伯灵的书信，去鬼谷请师兄下山。

这一天，孙伯灵正在和师弟们演练行军阵法，忽听有人来报，说是大梁来了使者。孙伯灵连忙跑回住处，来人见了孙伯灵，下马拜道："孙先生，久慕大名，未能相见，我叫庞茅，是庞将军的侄子，也是将军府的侍卫。今奉庞将军之命，特到此请先生出山。另有庞将军书信一封，请先生过目。"孙伯灵对这封信真是昼思夜想，恨不得马上到达魏国与庞涓相见。

孙伯灵带了书信去见鬼谷先生，先生听了孙伯灵的话，半晌没有说话。庞涓在山上学艺三年，鬼谷先生早已看出庞涓是一个忌妒心极强的人，虽头脑聪明，但心术不正。他很为爱徒孙伯灵的前途担忧。但看到伯灵神采奕奕，一心要与师弟团圆的急迫心情，鬼谷先生只好说："伯灵，既然庞涓派人来接你，你就随使者去魏国建功立业吧。为师最后再送你两句话，'大智若愚，大进若退，大得若失，大藏若虚'；'道德越高越安稳，权势越高越危险，盛名之下难久居，高官厚禄不长久。'下山去吧。" 说着便进入内室。

孙伯灵收拾好行李，随庞茅下山去了。

七、误信奸友

孙伯灵跟随庞茅来到魏国，兄弟俩久别重逢，思念的泪水盈满眼眶，孙伯灵激动地抱住庞涓，过了许久才平静下来。

庞涓说："仁兄，我终于把你盼来了！"

孙伯灵说："贤弟，你果然没有忘记咱们当年的约定呵！"

庞涓说："我们同窗三载，有结义之交，我怎敢忘了你我的情谊呢？何况仁兄技艺超群，有将帅之才，我定当鼎力相助。"

当晚，庞涓在将军府设下宴席为孙伯灵接风洗尘，山珍、海味、奇馐、佳品……十分丰盛。酒过三巡，菜过五味，庞涓亲自给孙伯灵倒酒，"仁兄，你还想吃什么，尽管说，我吩咐下人去做。"

孙伯灵摆摆手说："贤弟呀，这些佳肴已足够了，和我们在鬼谷山上的粗茶淡饭相比，岂不是天上地下。"

"那是自然，否则谁还拼死拼活的谋求官职呢。"

忽然，庞涓想起自己下山的这两年，不知鬼谷先生是不是又教了师兄新的兵法，于是问孙伯灵："仁兄，你在山上这两年，不知又学了什么高深的技艺？"

孙伯灵想到鬼谷先生特意交代不要把学习《孙子兵法》的事

情告诉别人，只好说："这两年并未学习新的兵法，只是跟随先生加强内心的修炼。"

庞涓说："先生的那些什么'从神而化'、'养气盛神'，都是逃避现实、自我安慰而已。于驰骋沙场、建功立业无益，不听也罢。"

孙伯灵虽不赞同庞涓的说法，但因为初来乍到，也不便多说什么。只想着等以后再慢慢劝说庞涓。

一连多日，庞涓都是好酒好菜招待孙伯灵，却只字未提举荐之事。

孙伯灵住在将军府，虽不愁吃穿，但他心里却愈加烦乱，不知道庞涓何时引荐他见魏王，自己又不便相问。也许，庞涓这阵子公务繁忙，也许现在正在安排，好了自会叫他。总之，前途未卜、功名渺茫，他心里感到空落落的。

这些日子，接孙伯灵来的庞茅经常来孙伯灵的住处走动。庞茅这个小伙子，聪颖机敏，对兵法尤其感兴趣，经常向孙伯灵请教。在庞茅看来，叔叔的这位师兄谈吐高雅，气质非凡，既不高傲也不谦卑，为将，可当大将军；为相，可作大国相，是个才思横溢的智者。

孙伯灵也很喜欢这个谦逊有礼、聪明好学的后辈，经常与他谈论兵法，孙伯灵渊博的学识、不凡的谈吐，深深吸引着庞茅，使得他没事儿就来拜见孙伯灵。

一晃又过去数日，孙伯灵实在忍不住，便差仆役去找庞涓。没过多久，孙伯灵听到屋门外有整齐的脚步声，开门迎出去，果然见庞涓在两队兵士的护卫下走来。孙伯灵说："贤弟，我来到这里已有一段时日，每天吃吃喝喝，总这么闲待着不是事儿，见魏王的事还望贤弟早做安排。"

庞涓说："哎呀，仁兄，你看这些天我事务众多，忙着与魏王会见周边那些小国的使者，等我忙完，马上安排仁兄与大王相见。"说完，便匆匆地走了。

其实，庞涓并不打算把孙伯灵介绍给魏惠王，他要把孙伯灵留在自己家中。这样孙伯灵便成为自己的幕僚，只能为庞涓出谋划策，为庞涓效劳。

然而，庞涓的如意算盘不久就落空了。原来，墨翟的弟子有事觐见魏王，席间谈到鬼谷先生有一个高徒孙伯灵，就在魏国。魏王听了，十分诧异，马上找来大将军庞涓询问，庞涓没有办法，只好说师兄孙伯灵刚来到他这里，自己还未来得及奏明惠王。魏惠王此时正是求贤若渴的时候，他听说孙伯灵是鬼谷先生的高徒，要求立即召见。

庞涓回府后，对孙伯灵说，因为这段时间他向魏王力荐师兄，魏王终于要召见他了。孙伯灵对庞涓感激不尽，恨不得下跪拜谢。

第二天，两人上朝，魏惠王一听孙伯灵到来，亲自降阶相迎，这是对高贵客人的礼节。庞涓见了心里很不是滋味，心想我为惠王立了那么多汗马功劳，惠王也没有对我降阶相迎，这不说明惠王更看重孙伯灵么。

孙伯灵见惠王走来，马上下跪说："我一介草民，承蒙魏王降阶相迎，实在惭愧。"

惠王说："墨子高徒盛赞先生独得鬼谷先生真传，可治天下，本王望先生来，如饥似渴，今日相见，大慰平生。庞将军，你与孙先生是同门好友，今天孙先生到此，依你之见，应该授予孙先生何职位？"

庞涓说："大王，我师兄是济世奇才，不可多得，至于官职，臣不敢妄言，还是请大王明鉴。"

"我想封孙先生为军师，与卿同掌兵权，卿以为如何？"

庞涓忙说："大王，孙伯灵是我的师兄，才华在我之上，现在我为将军，他为军师居我之右，非但他人耻笑，就是微臣我也于心不安，不如先拜为客卿，待我兄建立功绩、获得国人尊敬后，直接封为将军。那时，我愿让位，甘居师兄之下。"

庞涓这番话，句句在情理之中，看似维护、尊重孙伯灵，其实庞涓是怕孙膑当了军师，与他分掌兵权，过不了多久，就会显露锋芒。而将其封为客卿，半为宾客，半为臣属，不算真正的魏臣——自然没有实权，只空享有一种较高的礼遇而已。这样孙伯灵没有兵权，也就没有显露才华的机会。

魏王很钦佩庞涓的品德，就答应了拜孙伯灵为客卿。

孙伯灵拜谢了惠王，与庞涓一同离开王宫。

一天，惠王传旨，要让孙伯灵和庞涓二人在教军场排兵布阵，表演阵法。孙伯灵明白这是魏惠王要验看自己的才能，他正想显示一下身手，以便得到惠王的重用。

庞涓先布阵，只见庞涓手持令旗令箭，端坐点将台上，调动三军。台下队列穿行，旌旗变化……一座阵摆好了。

惠王问一旁的孙伯灵，"孙先生，此是何阵？"

"此乃天地三才阵。"

惠王一问庞涓，正是。于是庞涓调动队伍又摆一阵。

惠王又问孙伯灵："孙先生，这又是何阵？"

孙伯灵说："此乃四门兜底阵。"

惠王一问庞涓，又对了。这样庞涓连续摆了几座阵，都被孙伯灵说中阵名。不仅如此，孙伯灵还详细说出了各阵的阵法、优缺点及破解之法。

轮到孙伯灵摆阵，孙伯灵手持令旗令箭，上下飞舞，三军人马，忽方、忽圆、忽聚、忽散，看得庞涓眼花缭乱。

惠王问庞涓此阵何名，庞涓支支吾吾说不上来。惠王招来孙伯灵询问，孙伯灵说："此阵名为八门阵。"

"哦？请孙先生详细解说一下。"

"八门，即指东西南北为四正兵；东北、西北、西南、东南为四奇兵。正兵打主攻，奇兵打助攻，这是常法，至于临阵运用，因敌致胜，那就要以异为奇，以变为奇，全靠主将慧心独运，机断指挥。"

"战场之上，如何实施？"

"声东击西，壁垒分明，虚虚实实，真真假假，都是欺敌、误敌之法，能否做到出奇制胜，无论攻守，尽在于此。"

"妙啊，妙啊"魏惠王连连拍手。

当晚回府，庞涓失眠了。白天的情景总在他眼前浮现，孙伯灵侃侃而谈，魏惠王那赞许的目光和欣赏的神情。他明白孙伯灵比他强太多了，因而有了一种从未有过的危机感，庞涓觉得孙伯灵就要威胁到他的地位了，必须马上除掉。

没过几天，魏惠王又召见孙伯灵畅谈国事，惠王问："孙先生，你如何看待称霸之事？"

孙伯灵说："大王问我称霸之事，我就以晋文公为例说吧。晋文公即位后四年便称霸中原，都因为文公仁爱、道义、守信、悔过。"

"当年晋国发生骊姬之乱。文公重耳为逃避杀害而被迫逃出晋国。他有五个品德高尚、才能出众的朋友寸步不舍地跟随着他。他们先后去了周围几个国家，许多小国国君都对文公无礼，只有楚王以诸侯礼节相待。文公许诺楚王：'假如有一天两国军队万不得已交兵打仗，我愿退避三舍（一舍为三十里）。'晋文公经过千辛万苦，历时十九年，最后由秦国帮助其回国。晋文公继位后修明政务，整饬农商，对百姓布施恩惠，赏赐随从逃亡人员和有功之臣。唯独忘了一位叫介子推的功臣。介子推不满而隐匿于绵山（今山西省介休县东南）。文公知道后，派人四处寻找介子推，下令把整座绵山作为'介推田'封给了介子推，并对众臣说：'请记下我的过失，以教导后人。'

"晋文公不忘当年对楚王的承诺，在后来的一次与楚国交战中真的退避三舍。晋文公还善于团结和利用小国的力量，联合诸侯平定了周王室的叛乱。晋文公赏罚分明，功过分得清，不因为近臣中有功者而犯死罪就轻饶，使上下三军勇敢作战，不敢违反军纪。

"楚国可谓强横，兵力之强，天下所惧。晋文公明白：不多方攻伐，则不可能战胜；不善用计谋，则不能克楚取胜。于是，他联合齐国、秦国，临阵交兵，诸多安排，来路去路，无不一一算到，无丝毫遗漏。兵家常说：多算胜，少算不胜。晋文公如此细算，才取得了城濮之战的胜利。也正因为这一战，为文公争霸中原，列于诸侯之上而奠定了坚实基础。

"可见凡是大功，非一人之功；凡是大业，非一人可以担当。因此，在下虽不具备晋文公左右五位贤士之德才，但在下愿意辅佐魏王以成就霸业，使天下人顺服。"

魏惠王听得这番话，顿觉热血沸腾，他自小就立志希望能像晋文公一样称霸中原，只是如今的魏国不再似祖辈那时的辉煌，如今孙伯灵的这番话句句说进了惠王的心里，似乎又点燃了他内心的激情。

魏惠王马上下旨召见庞涓，想立刻册封孙伯灵。庞涓来到殿上，一见惠王双眸闪亮，笑盈盈地紧盯着孙伯灵，心里顿时明白了八、九分。庞涓心惊胆战，很怕惠王说出要降职的话。

魏惠王想委任孙伯灵以要职，也就是将庞涓贵降一等，让孙伯灵任大将军，庞涓任将军之下军师之职，又觉这样对不住庞涓。于是，他前思后想，想先探一探庞涓的心思。假如庞涓也有降职让贤的想法，就顺水推舟，他既得有孙伯灵辅佐，又不失庞涓效忠，这才是两全其美之策。

未等惠王开口，只见庞涓额头豆大的汗珠滚滚而下，惠王关切地问："庞将军，你病了吗？你头上出了许多汗。"庞涓灵机一动，无比惭愧地说："感谢大王关心，臣下今天身体的确有些不适，不过，没有关系，大王您有什么吩咐，微臣一定效犬马之劳！"

惠王说："既然将军身体不适，那就改天再商议吧。"

下朝后，庞涓火速回到帅府，决定马上动手除去孙伯灵。

八、惨遭膑足

这一天，孙伯灵又与庞茅谈论兵法，庞茅十分仰慕孙伯灵，要拜孙伯灵为师。孙伯灵说："等我为惠王建功立业了，你再拜不迟。"二人正畅谈时，侍从禀报："孙先生，门外有人求见。"

孙伯灵说："哪里来的？"

"他没说，只是说一定要与您见面。"

孙伯灵说："让他进来。"

不多时，侍从由打外边领进一个人来。这人操着一口齐国口音："请问，哪位是孙伯灵先生？"

孙伯灵说："我就是。"

"孙先生有礼。"

孙伯灵赶紧起身相扶，问："你从何而来？找我有何事？"

来人说："孙先生，你可知孙平？"

孙伯灵一听到这个名字，大吃一惊，"孙平？你是说孙平？"

孙平是孙伯灵的叔伯兄弟，孙伯灵小时候听父亲提起过，没想到今天竟听到他的名字，难道此人知道？孙伯灵忙说："他是我堂兄，他现在何处？"

"我这有一封他的书信。"来人说着从包袱中拿出一块绢布。

孙伯灵赶紧接过书信打开一看，信中以孙平口气，讲述了兄弟情谊，告诉伯灵其父已去世。他已回到齐国，希望孙伯灵也回到故乡，把几近消亡的孙氏家庭重新振兴起来。信中语气恳切、情感深重，最后再一次盼望孙伯灵早日归来，兄弟团聚。

孙伯灵看完书信，眼泪忍不住掉下来，弟兄失散这么多年，现在居然有了音信！

来人说："是墨翟先生到了齐国，说起你，你兄长孙平正好在齐国为官，因此，托小人捎书到大梁寻你。孙先生，你堂兄说不论你做何打算，都写封信让我带回，见了信他知道你平安，也就放心了。"

庞茅在一旁说："先生您不回家看看么？"

那来人也说："是啊，孙先生，你是齐国人，为何要待在魏国？故土难离，亲人团聚，还是赶快回去吧！"

孙伯灵摇摇头说："不能这么说，魏王待我恩重如山，我已向魏王表示愿效力于魏国，我怎能背信弃义？何况我是庞涓贤弟举荐的，我若离开魏国，就对不住我那结义的兄弟。"

来人点点头以示理解，说："先生此刻不回去与兄长团聚，就是以后回去倒也无妨。只是孙先生的兄长要我一定捎封书信回去，我也好有个交代。"

孙伯灵说："你等一下，我马上写给你，烦劳你回去告诉我兄长，说我已在魏国谋求发展，让他不要记挂。等以后有了机会，一定回去看望他。"说完，挥毫写了一封书信交给来人。

这个齐国来的信使，其实是庞涓派去的心腹，此时，庞涓正手拿孙伯灵的那封家书细细观看，信中讲：自己十分思念故乡，但目前已成为魏国臣子，不能很快回去。待为魏国建立了功勋，年老后，一定与堂兄在齐地故乡相聚、欢度晚年。

庞涓模仿孙伯灵的笔迹，把为魏国建立功勋，暂时不能回齐国的字句，改成了"仕魏乃不得已、碍于情面。不久一定回国，为齐王效力！"字样的话。

次日，庞涓上朝，对魏惠王说："大王，孙伯灵来到我国已有时日，您应尽早委任官职，臣恐大王委任不及，而孙伯灵另奔他国。"

魏惠王听到这话，不解地问："'另奔他国'是什么意思？"

庞涓说："大王请看。"说着双手把孙伯灵这封信递了上去。魏惠王接过信来，从头至尾看了一遍，当时脸色就沉了下来。

魏惠王问："此信得于何处？"

庞涓说："大王，自孙伯灵到我国之后，臣出自对魏国的忠心，总担心他不能在此久留，所以对他的照顾格外周到，我安排我的几个心腹家人侍奉他。那天一个家人跑来跟我说，有个操着齐国口音的人给孙膑送去了一封信，孙膑和那人说，他不久就要离魏去齐，并让那送信的人又带走一信。我觉得事关重大，便逮捕了那个齐国人，从他身上搜出这封信，一看果然如此。"

惠王听了十分生气，自从孙伯灵来到魏国，他便把孙伯灵待为上宾，降阶迎候，没想到孙伯灵竟是这样报答他的厚待，实在是个不仁不义之人。

"庞将军，我如此厚待他，他为何要离魏去齐？"

"大王有所不知，孙伯灵在齐国是有根基的。孙伯灵乃吴王阖闾时将军孙武的后代。孙武乃田姓，孙武爷爷孙书原叫田书，伐莒有功，齐王赐姓孙，因此田书一支皆姓孙。现在的齐国国君齐威王因齐乃田书兄长田恒的后代。因此，齐国君臣均是孙伯灵的亲族家人。现在，他的哥哥即在齐国为官。"

"庞将军，这件事你看该怎么处理？"魏惠王问。

"大王，恐怕您不能放他走，孙伯灵才能不低于我，若放他归齐，用起兵来必是我们的劲敌，将对魏国霸业不利。而且，这些日子，他对我国兵马、将官、城池、地形等等都了如指掌。若兴兵攻打我魏国，十分容易。所以……"庞涓没说下去。

"杀掉他？"魏惠王一语道破。

"大王，我与他毕竟是同窗、兄弟，还是让我回去再劝劝他。他要是同意留下来最好。若不想留，仍要归齐与我国为敌，大王再治他罪不迟，您看怎么样？"庞涓一副颇为痛惜的神情。

魏王虽气恼孙伯灵，但在庞涓请求下，还是同意了。

庞涓当晚来见孙伯灵："听说仁兄接到了家书？"

孙伯灵对庞涓毫不隐瞒："贤弟的消息真灵通。是的，是我失散多年的堂兄，要我回乡。可我怎么能辜负魏王及贤弟待我的深情？让我辞回了。"

"仁兄真的不想念故乡？"

"久别故乡，怎能不想？只是目前不能回去。"孙伯灵叹道。

庞涓假意做出很是同情的样子，说："祭扫祖坟、亲人团聚乃是人之常情，仁兄不如请魏王准一两个月的假期，回乡扫扫亲人之墓，顺便兄弟团聚，然后再归来与我一同建功立业，你看如何？"

"恐怕魏王会怀疑我去而不归，不会答应的。"

"仁兄明天写份奏章试试看。我在旁边为仁兄再美言几句。以兄长的为人品行，大王定会相信的！"

孙伯灵很感动："那就有劳贤弟了！一旦扫墓归来，我一定全身心报效魏王，再无别意！"

入夜，庞涓进宫求见魏惠王。庞涓一见惠王，跪地磕头说："请大王恕罪。"

惠王诧异，命庞涓起身，问道："庞将军何罪之有？"

庞涓说："大王，所谓知人知面不知心，今天微臣奉大王之命前去试探孙伯灵，以为他对大王的善待会以感激之情相报。没想到言谈之中，他却愤怒异常，说他乃鬼谷先生的得意高徒，怎能就当个客卿！我劝他说，大王是当今世上少有的圣明之君，仁兄身怀绝技，不久一定会封你高官。他不听，从他的言语之中恐怕他要背弃大王去齐国。唉！早知道就不请他来啦，还望大王恕罪。"

魏惠王一听，气愤至极，说："不怪庞将军，是他孙伯灵不识好歹，他一介草民，没建立任何功勋，没给我魏国带来任何好处，我就委任他为客卿，还以降阶之礼相待，他却嫌官职小，如果他真要走，我定不饶他！"

庞涓又说："孙伯灵恐怕会以回齐探亲的名义来向大王您请假，到时大王可定他背弃魏国私通齐国之罪。"

魏惠王点头说："好！"

第二天，孙伯灵早早便起床，收拾妥当，准备去朝见魏惠王。庞茅听说孙先生要向魏王请假回乡祭扫，也早早过来看望。

庞茅说："孙先生，叔父说他有点儿事，请您先上朝，他随后就到。"

孙伯灵说："好，那我先去了。"

孙伯灵上朝见魏王，却发现惠王今日面色阴沉并不瞧他，眼见将要退朝，庞涓还未到，孙伯灵只好将写好的奏章上递惠王。

不料惠王看罢，大发雷霆，愤怒地说："孙伯灵，你好大胆子，竟然私通齐国使者，企图叛魏归齐！你辜负了本王对你的一片好心！来人哪，削去孙伯灵客卿之职，发将军府问罪！"

左右立刻上来几个武士将孙伯灵捆绑起来，拖了下去。

孙伯灵被拖至宫门外，正遇庞涓提袍匆匆赶来。孙伯灵一见庞涓，泪如泉涌，高声呼喊："贤弟救我、贤弟救我！"

庞涓假装诧异说："发生了什么事？我因事儿耽误了一会儿，正要上朝，仁兄怎么变成这样？"

"贤弟，惠王说我通齐叛魏，还削了我的客卿之职，我冤枉啊！"

"仁兄放心，我这就上朝去见大王，说明情况，还仁兄清白。"说完，庞涓快步向宫内走去。庞涓哪里是去求情，而是领功去了。

孙伯灵以叛国罪被关押在牢内，孙伯灵明白，一旦这个罪名成立，那么他就必死无疑。其间，师弟庞涓来看望他几次，每次都痛哭流涕，自责自己不能劝说惠王回心转意，饶了孙伯灵。孙伯灵见庞涓如此重情义，内心感愧不已。他感激庞涓为了他的事操劳周旋；又悔愧自己不能忍住思乡之情而连累了举荐自己的师弟。

这天，庞涓又来看望孙伯灵，孙伯灵难过地对庞涓说："贤弟，我孙伯灵上山学艺，跟随鬼谷先生五载，下得山来没想到还未曾建立功勋，便要枉死了。可惜鬼谷先生传我的《孙子兵法》都白费了。"

庞涓听到"孙子兵法"四字，顿时提起精神，问孙伯灵："仁兄说的可是失传已久的《孙子兵法》十三篇？"

孙伯灵说："正是，先生传授我时，让我发誓不能告诉别人，如今我要死了，心里哀伤，贤弟又不是别人，说说也无妨。"

庞涓此时又嫉又恨，鬼谷子竟存有私心如此偏向，不将孙子兵法教我，却教给孙伯灵，看来孙伯灵现在还不能死，我得让他把孙子兵法教给我，然后再除掉他。主意打定，庞涓匆匆告辞。

　　隔了几日，庞涓忽然大呼小叫地来到孙伯灵面前："恭喜仁兄，大王已免你死罪。"孙伯灵惊讶地问："当真？"

　　"千真万确！这几日我天天跪在大王面前为你求情，大王念在我为魏国屡立战功的份儿上终于对你网开一面。"

　　孙伯灵立刻跪倒在庞涓面前拜谢救命之恩。庞涓赶忙扶起孙伯灵说："仁兄，不要这样，听我把话说完。大王虽免去了你的死罪，但活罪不赦，要施你黥面膑足之刑。这是魏国的法度，我也没有办法呀！"

　　孙伯灵抱着庞涓恸哭起来，"贤弟，想我孙伯灵空有报国之志，却要成为一个残废之人了！多亏贤弟才使得我保全性命，大恩大德为兄以后定会报答。"

　　庞涓假装掩面跑了出去。不一会儿，来了行刑的刽子手，把孙伯灵绑起来按在地上，用尖刀剜剔下孙伯灵的两个膝盖骨。孙伯灵惨叫一声，立刻昏了过去，在他昏迷中，脸上又被用黑墨刺上"私通敌国"四个字。

　　行刑完毕，庞涓泪流满面地走进来，亲自为孙伯灵上药、包裹，把他抱进卧室，百般抚慰，无微不至地照料。

九、忍辱装疯

　　庞涓将已成废人的孙伯灵安排在将军府的书馆中，请来了最好的大夫给孙伯灵治疗伤残，一日三餐佳肴供着，又送了许多衣物给孙伯灵，另外又配备女仆专门伺候他的起居生活。

　　一个月之后，孙伯灵伤口基本愈合，但再也不能走路，只能用胳膊支撑着一点一点爬，真成了废人。此时，庞涓对孙伯灵更是关心体贴，每日都来探望。

　　孙伯灵见到庞涓这样照顾他，心里感到很过意不去，思前想后，无以为报。这天，庞涓来看望孙伯灵的时候，孙伯灵眼含热泪说道："贤弟，愚兄到此，原望与贤弟共展宏图，不料想壮志空怀，反给贤弟增添了累赘，长此下去，何日才算尽头啊？"

　　庞涓忙拦阻孙伯灵说："仁兄，何出此言，你我弟兄当初结拜之时说的好，有福同享，有难同当，今天仁兄遭此大难，兄弟恨不能替你承受苦痛，略尽一点情意，何足挂齿。"

　　孙伯灵长叹一声："真是交遍天下友，知心有几人哪！贤弟，如今我已成废人，只能给人添麻烦，再无什么用处了。"

　　庞涓一听忙又说道："仁兄，可不要这么想，如今，你的腿虽然不能动啦，但毕竟胸有经天纬地之才，仁兄坐于床间，就把鬼谷先生所传的《孙子兵法》十三篇及注释讲解写出来吧，这也是对后世有益的善事，也可因此使吾兄扬名于万代千秋！"

孙伯灵听到庞涓这番话顿觉精神振奋，说："感谢贤弟提醒，愚兄恐怕只有这一件事情可做了。"

庞涓说："大哥，您受刑初愈，身体虚弱，此事不必操之过急。"

孙伯灵说："如今刑伤已好，我只盼能有点事做。"

从这天起，孙伯灵就开始在屋中书写《孙子兵法》十三篇，日复一日，废寝忘食，人都劳累得变了形。

自从孙伯灵遭刑后，庞茅几乎每天都来看望孙伯灵。孙伯灵写书，他就在一旁帮着研墨，孙伯灵写累了，两人就谈论一阵兵法。不过有时看着以前高大英武、神采飞扬的先生，日渐变得瘫软无力、神情沮丧，庞茅心里十分难过。

这天，庞茅从孙伯灵住的书馆出来，正要回到自己的住处，忽见一个人行色匆匆地向叔父庞涓的住所走去，边走边东张西望，似乎很怕被人看见。庞茅仔细一看，不禁大吃一惊，这个人不正是给孙先生送家信的齐国信使么？庞茅心存疑惑，尾随过去。

那人来到庞涓的屋门前，轻轻叩门，庞涓旋即出现在门口，四周看看无人，便把来人让到屋内。庞茅轻手轻脚的来到窗户下，听见屋内庞涓说："你干得不错，这是赏给你的，等除掉孙伯灵后，我还有重赏。"那人连连磕头："谢谢将军，谢谢将军。"

"不过，孙伯灵写兵书这段时间，你最好不要露面，找个地方藏起来，等他写完兵书，我将他除去，你就自由了。听清楚了么？"

"将军放心，我一定照办！"

庞茅在窗外一听，大吃一惊。原来是叔父安排心腹扮作齐国信使，加害孙先生。在他的心目中，叔父虽比不过孙先生的雄才大略，但也是个征战沙场、铮铮铁骨的英雄，没想到他居然做这种龌龊之事！可怜的孙先生呀，被叔父害成这样还在感念他呢。庞茅心想，我得赶快将此事告诉孙先生，但愿他能保住一条性命。庞茅又返身折回书馆。

孙伯灵写了一会兵书，感到双腿酸痛，正准备活动活动，抬头看见庞茅走了进来，就笑着说："去而复返，庞茅，你就这么想念先生么？"说完呵呵笑了起来。

庞茅没有理会孙伯灵的玩笑，一脸焦急地说："先生，庞茅是有要事相告。"

"什么事？"

庞茅便把刚才的所见所闻详细地说了一遍，"孙先生，你不要再给叔父写兵书了，等你写完，你的死期也就到了。他虽然是我的叔父，但我也不齿他的行为。孙先生，你赶快想个办法逃走吧。"

听了庞茅的话，孙伯灵半晌无语，难道他今天所受的痛苦真是他无比信赖的贤弟庞涓给他制造的吗？他轻抚着疼痛的双腿，陷入了深思之中。

孙伯灵苦思冥想了一夜，不知道该怎样逃出庞府。他残废的双腿不能够支撑他站立，难道还能载着他的身体快步如飞而逃吗？他无亲无故，在大梁，在魏国，他能指望何人来帮助他逃脱这死亡的厄运？

一连几天，孙伯灵都表情呆滞、不言不语。庞茅有些后悔，该一点一点告诉孙先生，他真怕孙先生一时想不开，得了什么病。

这天，庞茅端了孙伯灵爱吃的饭菜，准备好好劝劝孙先生，他刚把饭菜放下，孙伯灵就连盘带菜全拨拉到地上，然后哭喊嚎叫不止，接着口吐白沫、两眼翻白、四肢乱颤。过了一会儿，孙伯灵醒过来，却神态恍惚，将案头已经写好的《孙子兵法》往火盆里扔，边扔边狂笑不已。只要有人接近，孙伯灵便连抓再打。不久，整个将军府的人就都知道孙伯灵疯了！

　　当庞涓匆匆赶来时，只见孙膑满脸污物，脏不忍睹；他爬在地上，忽而磕头求饶、忽而呵呵大笑，完全一副疯癫状态。见庞涓进来，孙膑爬上前，紧紧揪住他的衣服，连连磕头："鬼谷先生救我！鬼谷先生救我！我可是您的好学生，您不能见死不救！我的小命就仰仗您了！先生救我！先生救我！"

　　庞涓说："仁兄，我是庞涓啊，你连我也不认识了么？"

　　"鬼谷先生！鬼谷先生，我要回山！救我回山！"孙伯灵仍旧揪住庞涓，满嘴白沫地大叫。

　　庞茅扑了过去，"先生、先生"地一遍遍呼唤。

　　庞涓使劲甩开孙伯灵脏兮兮的痉挛的手，心里疑惑。孙伯灵怎么疯了？他到底是真疯还是装疯？是不是怕把兵书传给我故意装疯？不然，为何把写好的兵书都烧了？庞涓仔细打量孙伯灵半天，又问旁边的仆人："谁对他说了什么没有？"

　　"没有。"

　　"来人！把他弄到猪圈去。"仆人七手八脚把孙伯灵抬到了猪圈里。庞涓藏在猪圈附近，远远地观察着孙伯灵。

　　孙伯灵浑身污秽不堪，披头散发，全然不觉地在猪圈泥水中滚倒，直怔怔瞪着两眼，又哭、又笑……

　　庞涓又派人在夜晚、四周别无他人时，悄悄送食物给孙伯灵：

"我是庞府下人，深知先生冤屈，实在同情您。请您悄悄吃点东西，别让庞将军知道！"

孙伯灵一把打翻食物，狰狞起面孔，厉声大骂："你要毒死我吗?!"

来人气极，就捡起猪粪、泥块给他。孙伯灵接过来就往嘴里塞，毫无感觉的模样。于是来人回报庞涓：孙伯灵是真的疯了。

庞涓这时才有些相信，从此任孙伯灵满身粪水的到处乱爬，有时睡在街上，有时躺在马棚、猪圈里。也不管白天还是黑夜，孙伯灵困了就睡，醒了就又哭又笑、又骂又闹，饿了就捡东西吃。庞涓终于放下心来，但仍命令：无论孙伯灵在什么地方，当天必须向他报告。

孙伯灵靠着乞讨生活，身体一天不如一天，但他心中的仇恨和苦痛却是皮肉、双腿所有痛苦相加都无法比拟的。他最信赖、依靠的朋友却是真正害他性命的人！想当年在山上学艺，自己总是维护庞涓。可如今，自己却要惨死在他施以恩惠、布以仁德之人的手中，这真是天大的笑话！

孙伯灵疯疯癫癫、浑浑噩噩地一日日耗损着生命。

又一日，孙伯灵醒来时，发现手上搂着一包吃的。他见包袱皮是丝绢质的，马上清醒，这食物定是来自帅府。他又哭又闹，把吃的东西扔了一地。果然，没过多久，他看见庞茅在远处偷偷抹泪。

十、得救归齐

　　这天，孙伯灵正在大街上坐着，过来一队人马，中间有一个坐车的老者。孙伯灵吃惊的发现，此人正是在鬼谷山上有一面之缘的墨翟先生。可是现在随时可能有庞涓派的人监视，又不能贸然与其相认。孙伯灵很着急，忽然瞥见旁边有几块马粪，他抓起马粪向那队人扔去，口中呼喝着："我的老师是鬼谷先生，你们休想毒害我！"

　　墨翟听到"鬼谷先生"十分诧异，一个疯子怎么提到鬼谷先生的名号？墨翟喝令停止前进，他走下车来到孙伯灵面前。孙伯灵揪住墨翟的衣服大叫："鬼谷先生救我！鬼谷先生救我！"

　　墨翟好不容易辨认出这是孙伯灵，大吃一惊，忙问："伯灵，你这是怎么了？"此时的孙伯灵呼地放开墨翟，蜷缩着身子，大叫："你想害我，哼！我是神仙下凡……"

　　墨翟看看孙伯灵，没再说话，转身上了车。

　　墨翟走了之后，孙伯灵坐在地上半天没言语。他心想：没想到在这个时候遇到墨翟先生，我一肚子的话不能向他倾诉，他又把我当成疯子，转身而去。孙伯灵坐在那，心中好一阵的难过。天黑以后，孙伯灵爬到一个墙根底下，斜倚而卧。远处传来了更鼓之声，孙伯灵正处在似睡非睡的时候，就觉着旁边有人捅他，他睁眼一瞧，吓一跳，面前站的这个人，和他一样头发披散着，浑身脏兮兮，孙伯灵心想，这也是个疯子。刚要继续睡觉，就听这个人说："孙师兄，我是墨翟先生的弟子，先生从你的眼神中断定你没有疯，为掩人耳目，让我扮作疯子专门来找你，有什么话跟我说吧！"

孙伯灵一听，一下子精神起来。他看着来人，话没出口，眼泪先流了下来，他把这些天积压在心底里的悲痛郁闷一股脑全倾吐出来："师弟呀，庞涓害得我好苦哇。"说完，已是泣不成声……

墨翟的弟子将孙伯灵的遭遇详细报告给了墨翟。墨翟于是离开魏国来到了齐国，把孙伯灵的境遇告诉了齐国将军田忌，又讲述了孙膑的杰出才能。田忌立刻将孙伯灵的情况报告给齐威王，齐威王下令无论用什么方法，也要把孙伯灵救出来，为齐国效力。

孙伯灵诈疯于市，时间久了，街上的百姓从开始围观、惋惜孙伯灵，慢慢的都习以为常了。人们只知道这个疯人姓孙，很有才华，曾经是魏惠王的座上宾，如今却被膑了双足，于是大家都叫他"孙膑"。就连看守孙膑的人也常常疏于职守，时看时不看。反正一觉醒来孙膑不是还在原地，就是在不远的地方躺着，一个废人，他拖着断腿又能跑到哪里呢？

一天夜里，孙膑正睡着，又觉有人推他，睁眼一看，却见一个人正俯身望着他。见他醒来，那个人低声说："您是孙膑先生吗？我叫淳于髡，是齐国的上卿。齐王派我来搭救先生逃离魏国，返回齐国。"

孙膑并未答话，他看着淳于髡，似乎在思考他的话是否可信。

淳于髡又说："先生可还记得墨翟先生？先生前些日子来到我齐国，提及先生的品德才能和不幸遭遇，威王和大臣们既敬佩又心疼，想请先生回齐国施展抱负，威王派臣下出使魏国，明着是来进献茶叶，实则是寻找先生，接先生回临淄的。"

听到这里，孙膑伸出手紧紧抓住淳于髡说："有劳淳于先生，请先生务必救我！"

淳于髡说："孙先生请放心，进献完茶叶，我会立刻返回齐国，就这一两天，请先生不要离开这里，我会派人来接您。"

孙膑又问："你打算怎么营救我？"

淳于髡说："我想把先生装进运茶的车里，一同带出魏国。"

孙膑沉思片刻，说："庞涓为人狡诈，他若发现我不见了，一定不会善罢甘休。我想请先生将其中一辆茶车下面装上暗格，以策万全。"

"还是孙先生思虑周密，淳于髡一定照办，无论如何我也会帮助先生离开魏国。"

淳于髡离开齐国的前一天夜里，偷偷派人把孙膑接到他的住处，装在茶车下的暗格里，同时让一个和孙膑体形相似的人装成孙膑的样子躺在原地。收拾妥当，淳于髡率领使团向大梁东门而去。

出了城门，来到十里长亭，庞涓及众军士正在此等候准备为他们饯行。淳于髡神色自若，与庞涓把酒言欢，尽述离别之情。

大梁城内看管孙膑的人早上见孙膑仍躺在原地，便自顾自地玩乐去了。将近午时，看见孙膑仍一动不动，不似往日疯疯癫癫。看守怕孙膑有什么闪失不好交差，就走过去把孙膑翻转过来，仔细一看，吓得七窍生烟。那人虽然穿着孙膑的衣服，人却并不是孙膑。看守立刻到将军府禀报。

庞涓刚送走了淳于髡，就有仆从来报："孙膑不见了！"庞涓听了大吃一惊，心想，一定是齐国使团把他救走了。庞涓当即率领百十人骑快马沿着淳于髡离去的方向一路追赶。

庞涓的快马很快追上了茶车，淳于髡神色平静地问："怎么，庞将军，刚刚分别为何又来相送？"

庞涓神情严肃地说："不光是为了送你，我们国家出了一件大事，孙膑丢了。刚才我的家人来送信，我已下达命令，四城紧闭，严加搜查，这是庞某的职责，你们的车是今天早上从大梁出来的，再走不远就出我魏国啦！请让我看看车上有没有孙膑，然后再送你们出去，不然的话，你们走了，容易担一个嫌疑的名声，魏惠王要问起我，我也不好回答呀！"

淳于髡笑着说："您的意思是怕我们把孙膑带走了？我们带他干吗呢？齐国也不缺疯子。"

"淳于先生，现在看来孙膑是不是真疯了，这还在两可之间。来人呀！把车辆围上，仔细搜！"

"是！"哗的一声，魏国的兵士不光把车辆围上，连淳于髡及随行人员也全围上了。弓上弦，刀出鞘，可真是剑拔弩张，杀气腾腾！看样子，要是搜出孙膑来，淳于髡等人当场就得丧命。

魏兵搜遍了所有的车辆，并未搜出孙膑，庞涓心中疑惑，但又不便久留齐使，只好说："这样搜一搜，你们免担嫌疑，我也免受责难。淳于先生请上路吧，恕不远送！"

淳于髡率领人马赶着车继续前行，他心中不禁感叹："还是孙先生料事如神！"

庞涓率领兵士返回大梁，一路上百思不得其解，孙膑到底去哪了呢？这时一个兵士报告，刚才搜查时发现其中一辆车好像比其他的多出一截。庞涓恍然大悟，又率领兵士掉头追赶淳于髡。

这时齐国的车队已经来到齐魏边境，淳于髡觉得已无大碍，就把孙膑扶出车子透透气。忽见前面来了一队人马，军旗上写着大大的"庞"字。大家都吃了一惊，再扶孙膑进车已来不及了。淳于髡想，我就是拼了命也要把孙先生救出魏国。

大家正在下定决心要和来人拼命时，这队人马已经来到面前。淳于髡和手下兵士正要抽刀出鞘，却见这队人马的首领飞速下马，来到孙膑的车前跪地磕头，说："孙先生，多日不见，您可好啊？"原来此人正是庞涓的侄子庞茅。庞茅因为同情孙膑，而得罪了叔父庞涓，被派来戍守边境，没想到竟在此遇到老师孙膑。

当下，庞茅率领小队护送淳于髡的车队顺利通过边境，他们向着齐国国都飞奔而去。

十一、齐国局势

齐自周朝初封时即为大国，齐太公时建都营邱（今山东省临淄县西北），传至齐献公时迁都临淄。经过几代君王的经营、扩张，其疆土据今山东省十之九，到战国中期，竟拓境至宋、卫而南及淮北。于是它的南面与楚相邻，西面与魏接壤，北面与燕赵临界。

齐国东有琅琊即墨之饶，西有泰山之固，清河之限，东与北有黄海、渤海之利，纵横两千余里，三面是海，一面向西以争中原，因此，当时曾被称为"东秦"。齐国在东方为泱泱大国。齐桓公时即为春秋五霸之首。自桓公死后，虽曾屡遭变乱，但齐国在中原仍处于举足轻重的地位。

田氏自公元前 671 年陈完敬仲入齐，后来五世为齐国国相：田乞相齐悼公；田常相齐简公、平公；田盘、田白、田和相齐宣公。到周安王二十一年（前 381），田和篡齐自立，此事发生在三家分晋奉命为侯之后十三年。田和篡齐后凭齐国之力向他国扩张，向西伐魏、向南侵鲁伐宋、向北伐燕。田和传至其孙因齐时称为齐威王。周安王二十三年（前 379），齐威王初即位时，不理政事，整日沉醉在吃、喝、玩、乐上。九年当中，韩、魏、鲁、赵多次起兵来犯，齐国屡屡败北，然而齐威王却并不放在心上。

忽然有一天，有个自称琴师的人求见齐威王。他说他是本国人，叫邹忌，听说威王爱好音乐，他特来拜见。威王召见了他，并赐坐，让人端来几桌，上面放了一把琴。邹忌拜见之后，调着琴弦似乎要弹，可是双手放在琴上却不动。齐威王纳闷，问："你调了琴弦儿，怎么不弹呢？"邹忌说："我不光会弹琴，还知道琴的道理。只是这丝桐之声，乐工之事，臣虽知道，却恐怕有辱大王视听。"威王说："你快说吧，这琴理是什么？"邹忌回答说："琴，可谓高贵，因此禁止淫邪，便归于正。古时伏羲作琴，长三尺六寸六分，象征三百六十六天；宽六寸，象征六合；前宽后窄，象征尊卑；上圆下方，象征天地；五弦，象征五行。大弦为君，小弦为臣。演奏出的音乐缓急如清与浊的流水，浊者宽而不驰，是谓君道；清者廉而不乱，是谓臣道。一弦为宫，次弦为商，次为角，次为徵，再次为羽。周文王、周武王各加一弦，文弦为少宫，武弦为少商，以合君臣之意。君臣相得，政令和谐，这就是所谓治国之道。"威王非常高兴："说得好，先生既知晓琴理，必善于弹奏，快弹给我听听！"邹忌回答说："我是个琴师，当然善于弹奏；大王是一国之王，难道不善于治国吗？今天大王抚国而不治，与我抚琴而不弹有什么区别呢？臣抚琴而不弹，不能如大王之意；大王抚国而不治，恐怕天下万民不愿意呐！"

威王听后愕然，再也坐不住了，说："原来先生拿琴来劝我。我明白了！"威王叫人把琴拿下去，而与邹忌议论起国家大事。邹忌劝威王节饮远色，核名实，别忠佞，息民教战，经营霸王之业。君臣谈得均很投机。此后，齐威王便让邹忌住在宫中，待为上宾。

又一天，威王正在弹琴，邹忌推门称赞道："大王的琴弹得好极了！"齐威王突然很不高兴，手离开琴按住宝剑问："先生只看到我的样子，还没有仔细聆听，怎么就知道我弹得好呢？"邹忌说："我听大王那大弦弹出来的声音十分庄重，就像一位名君的形象；我听大王从那小弦弹出来的声音是那么清晰明朗，就像一位贤相的形象；大王运用的指法十分精湛纯熟，弹出来的个个音符都十分和谐动听，该深沉的深沉，该舒展的舒展，既灵活多变，又相互协调，就像一个国家明智的政令一样。听到这悦耳的琴声，怎么不令我叫好呢！"威王说："你很善于谈论音乐。"邹忌说："何止是谈论音乐，治理国家和安抚百姓的道理都在这里面呐！"威王又不高兴地说："如果谈论五音的调理，我相信没有比得上您的。如果是治理国家和安抚人民，又怎么能在琴弦之中呢？"邹忌说："弹琴和治理国家一样，必须专心致志。七根琴弦，好似君臣之道。大弦缓慢并且温和，象征国君；小弦高亢明快并且清亮，象征宰相；勾弦用力但放开舒缓，象征政令；弹出的琴声和谐，大小配合美妙，曲折不正之声不相干扰，象征四时。回环往复而不乱，是由于政治昌明；连贯而轻快，是由于保存了将亡之国；所以说琴音谐调就能保天下太平。治理国家和安抚人民，没有比五音的道理更相像的了。"此后，威王常与邹忌议论国家兴亡大事。邹忌常劝威王重用人才，发展生产，节省财物，训练兵马，以图霸业。齐威王非常高兴，不久便郑重拜邹忌为齐国国相，以加紧整顿朝政。

这时，齐国知名学士淳于髡见邹忌仅凭一张嘴轻取相印，心中不服，他带着几个门生来见邹忌。邹忌恭敬地接待了他。淳于髡面带傲慢神色径直坐在了上手位置上。他问邹忌："我有几句话问国相，不知行不行？"邹忌说："请您多多指教！"淳于髡说：

"子不离母，妇不离夫。"邹忌说："我做臣下的不敢离开君主。"淳于髡说："车辖辘是圆的，水是往下流的。"邹忌说："方的不能旋转，河水不可倒流。我不敢不顺依人情、亲近万民。"

淳于髡说："貂皮破了，不可以拿黄狗皮去补。"邹忌说："我绝不敢让小人占据高位。"淳于髡说："造车必须算准尺寸，弹琴必得定准高低。"邹忌说："我一定注意法令，整顿纪律。"淳于髡站了起来，向邹忌行了个礼，走出门去。

淳于髡那几个门生问："老师您去见国相的时候，多神气呵！怎么临走倒向他行起礼了呢？"淳于髡说："我是去叫他破迷的，想不到我只提个头，他就随口接上了。他的才干不小哇，我怎么能不向他行礼呢？"从这开始，再也没人敢与邹忌为难了。

邹忌不但这样规劝齐威王，他还向齐威王举荐贤才。"齐国四宝"便是邹忌举荐的。有一次，魏惠王来拜访齐威王，二人闲谈间，魏惠王问齐威王："大王可有宝货吗？"威王回答说："没有。"惠王说："不可能吧？像我们这种小国，我还有一寸大的宝珠在车辇前后照耀。我有 12 辆车，每车有 10 颗宝珠，共有 120 颗宝珠。贵国这样的大国，怎么反而没有宝货呢？"齐威王巧妙地回答说："我的宝货与大王不同，我有个叫田解子的大臣，派他守南城，楚国因而不敢觊觎东方齐国的土地，泗水一带的十二个诸侯都来朝拜。我有个叫田盼子的大臣，派他守高唐，赵国因而不敢越过大河（黄河）来进犯。我有个叫黔夫的地方官吏，派他守徐州，燕、赵百姓因追从他而迁徙过来 7000 多家。我有个叫种首的大臣，任用他管理治安，齐国因而做到了夜不闭户，路不拾遗。这种文臣武将，才华出众，光照千里，你那 12 辆车上百来颗宝珠如何比得上呀！"威王一席话，说得惠王满脸通红，羞惭不已。

以后几年，齐威王重用邹忌，放心让邹忌进行了一系列的改革，制定了新的法令，齐国一天天强大起来，收复了过去的失地。齐威王看见邹忌措施得力，自己任用贤能取得了成绩后，有些沾沾自喜起来，对那些阿谀奉承的话，他愿意听，而对刺耳的忠言不感兴趣了。这样一来，他的身边就出现了一群吹吹拍拍的小人，齐威王旧病复发，又开始沉迷在花天酒地，考虑国事总是马马虎虎，肤浅浮躁不安，置百姓利益而不顾，只注重权贵们的既得利益，漠视国家的前途，几乎忘掉了君王之道，邹忌见了心里很着急，总想找个机会规劝规劝齐威王。

一天早晨，邹忌起床后对着镜子在梳洗，他看着铜镜里面的自己容光焕发面目清秀，突然想起了城北的徐公，就问妻子说："我跟城北的徐公相比，谁是美男子呀？"

城北徐公是当时齐国出了名的美男子。邹忌的妻子听到问话，想也不想地回答："当然是你漂亮啦，徐公哪里比得上你呢！"

邹忌还有些不自信，就悄悄地去问他的小妾，说："我漂亮，还是徐公漂亮。"

小妾看了一眼邹忌，低着头不好意思地对他说："你比徐公漂亮。"

第二天，邹忌家来了一位客人，谈话间，邹忌想起昨天的事，就问客人说："你说说看，我和城北的徐公相比，到底谁更是美男子？"

客人煞有介事地上下端详邹忌一番后，说："城北的徐公哪里比得上你漂亮哟。"

巧得很，第三天，徐公来拜访邹忌。邹忌仔仔细细地打量着徐公，心里不由地赞叹：真是天下少有的美男子啊！等徐公告辞，邹忌赶快来到铜镜跟前对照自己，便觉出自己和徐公比较起来差得远了。

晚上，邹忌躺在床上睡不着，翻来覆去总想着比美这件事："我根本不及徐公漂亮，为什么妻子、小妾、客人都说我比徐公漂亮呢？他想了很久，终于想出了其中的道理来。

第二天一早，邹忌就来到王宫，把这件事从头到尾向齐威王讲述一遍。齐威王很感兴趣，便不解其意地问："那是什么道理呢？"

邹忌说："我的妻子说我漂亮，是因为她爱我；我的小妾说我漂亮，是因为平时我对她威严，她惧怕我；客人说我漂亮，是因为我是国相，他有求于我！如果不是我亲眼见到了徐公，把自己和他好好对比了一番，或许我还在沾沾自喜，真以为自己比徐公漂亮呢，大王你看，我差点受了他们的蒙骗啊。而大王您呢，您管理着方圆几千里的大国，有城邑一百二十多座，大王的左右侍从和宫里的后妃，没有一个不偏爱大王的；满朝文武官员没有一个不惧怕大王的，全国的老百姓没有一个不想求助于大王的；这样看来，大王所受的蒙骗不是比我的更深吗？"

齐威王听了邹忌的一席话，沉思了片刻，说："你说得太对了！"他立即下了一道命令："今后不论是朝中大臣，地方官吏还是普通老百姓，凡能当面指出本王过失的，给他上等奖赏；能上奏章直言劝谏的，给他中等奖赏；在任何场合下议论本王的错处，只要传到本王耳中，给他下等奖赏。"

命令刚贴出去时，大臣们纷纷进宫提意见，王宫里人来人往，热闹得同集市一般，人们提出意见，齐威王都本着有则改之无则加勉的态度去处理。过了几个月，只偶尔有些人来提意见和建议。

一年之后，有些人虽然还想说，但也没有什么可指责的了。从此，齐国上下一派和谐，国风民风优良，国强民富。

燕、赵、韩、魏诸侯国听到这件事，都跑来朝见齐威王，来借鉴他治国的"秘诀"。人们都说，这是邹忌帮齐威王在治理国事方面打了胜仗。

齐威王因为有邹忌这样的贤臣辅佐，更加致力于国家建设，首先从治吏入手。齐威王细心调查全国各地的官员，想知道谁是清官，谁是赃官。他向朝廷里的大臣们查问各地的情况。大臣们几乎都异口同声地说："太守里顶好的是阿大夫（阿城，在山东省阳谷县东北），顶坏的大概要数即墨大夫（即墨，在山东省平度县东南）。"众人猜测：阿大夫不久就要升官了，而那个即墨大夫恐怕要倒大霉了。

齐威王没有因为大臣的众口一词而草率行事。为了弄清真相，他秘密派人分别前往阿城、即墨两地明察暗访。结果与事实大相径庭——"誉言日至"的阿城大夫原来是个贪官，而"毁言日至"的即墨大夫却是个清正廉洁的好官。经进一步调查，原来是最受齐威王宠信的身边人等收受了阿城大夫的贿赂，所以替他说好话。考察者如实地向齐威王汇报了实际情况。

齐威王听了后，怒不可遏，就对外放言"欲行赏罚"，召二位大夫到国都临淄。

那天，文武百官齐聚朝堂，齐威王威严地站在高台之上。站在高台下的，一个是阿城大夫，他在朝野被赞誉的次数最多，经常受到表彰；另一个就是在齐国臭名昭著、受到各路大臣诟病的即墨大夫。同时，在高台的另一侧，还新垒了一口大灶。灶台中，火势熊熊；灶台上，大铁锅正冒着腾腾热气。

齐威王的用意很明显，今天就是要杀一个，而且是用烹刑，以重树王威；那另一个呢，就是要作为正面典范，以激励众臣。

　　在高台周遭许多得到过阿城大夫好处的文武大臣都暗自欢喜。心想："阿城大夫必有重赏，我等又可得到莫大好处；即墨大夫死到临头了。哈哈，谁叫你那么死板，如果当初象阿城大夫那样机灵，也孝敬孝敬我们，你哪会是今天这样的结局！"谁知事情的发展大大出乎众臣的意料。

　　齐威王首先召见即墨大夫，对他说："自从你到即墨任事，我每天都接到诽谤你的报告。然而，我派人去调查，发现你开荒辟田，粮黍丰登，百姓富庶，官吏清廉，使齐国东部得到安定。我还了解到，你在朝中之所以口碑不好，主要是你没有巴结我左右那些人，所以没有人为你说好话。"威王当即宣布重奖即墨大夫一万户封邑。

　　接着，齐威王又召见阿城大夫，对他说："自从派你到阿城，我几乎天天听到对你的赞扬声。可是我派人秘密前去调查，却发现完全不是那么回事。田野荒芜，人民贫馁。前些天赵国攻击鄄城，你不率军救援；卫国占领薛城，你假装不知道。可见，我听到那些吹捧你的话都是你花钱买来的。"威王当场下令把阿城大夫扔进沸水锅中煮了。

　　齐威王又召左右平时赞赏东阿太守、毁誉即墨太守的大臣共数十人，斥责说："你们在我身边，就是我的耳目，没想到你们却私受贿赂，颠倒是非，欺骗本王，有臣如此，要你们何用，一块煮了吧！"那些奸佞之臣个个吓得泣拜哀求。齐威王怒犹未息，选择平时最宠信的十余人给煮了。

　　这一奖一罚震惊了朝野，清官廉吏人人拍手称快，贪官污吏个个悚然惊惧，不敢再胡作非为，有的还逃到了国外去避难。从此，齐国风气大变，朝中一扫阿谀奸佞之风，国家官清吏洁，上下一心，呈现出"国内大治，诸侯畏服"、能人云集的大好局面，国势渐渐强盛起来。

公元前361年，魏惠王将魏都迁至大梁（今河南省开封市），这一举措使战国形势发生了重大变化。魏国直接威胁到齐、楚等国家的利益，尤其对齐国，两国矛盾从这一年开始更为尖锐。同年，公孙鞅从魏奔秦，秦开始改革，国势也逐渐强盛起来。

公元前355年，正是在这种复杂的形势下孙膑回到了齐国。

十二、谈武论兵

孙膑历经重重磨难终于回到家乡，他被安排住在将军田忌的府中。

齐威王得知孙膑的到来，立即下令带孙膑来见，并特意给孙膑准备了一张舒适的椅子。

君臣落座后，齐威王有些伤感地说："我听墨翟先生说，孙先生原本是一个气宇轩昂，容貌端丽之人，不想被奸人害成这样。"

孙膑说："都是小人没能明辨忠奸，认贼为亲，过于轻信他人而造成今日的恶果。"

威王说："先生不要这么说，你与庞涓同窗情深，还是结拜兄弟，先生性情忠厚，怎么可能想到他会如此不顾念同门之谊、兄弟之情而加害于你呢？现在好了，先生安全到我齐国，又是我朝田姓同宗，本王欲拜你为大将军，你看可好？"

孙膑感激涕零，说："多谢大王，大王救我出虎口，又委我如此重要的职位，孙膑感激不尽。不过，我初来齐国，寸功未立，况且又是一个受过刑罚的人，黥面膑足，怎么能当将军呢？那样岂不是被人轻看我齐国。况且庞涓恨我入骨，若知道我在齐国领兵，必然兴兵伐齐，这对我国是大为不利的。我只希望从今以后为我王尽心竭力、鞠躬尽瘁。还望大王谅宥。"

齐威王略有些激动地说："久慕先生学识渊博、品德高尚，今又认识到先生思维如此缜密细致，好吧，那就依先生的意思，暂不委任先生职位。先生，本王有几个问题不明，想请教先生。"

孙膑说："大王过谦了，请讲。"

齐威王说："如今各国国君频繁相会，各国间关系日趋复杂而紧张，相互间的战争也日趋激烈和频繁。不知先生如何看待战争。"

孙膑回答说："用兵作战，这不是经常可以依靠的势力，而是先王辅助行道的手段。打了胜仗，能保存处于危难之中的国家社稷。打了败仗，则要丧失国土而危害国家、黎民。因此对用兵作战要慎而又慎。轻率而好战之人会导致国家灭亡，一味贪图胜利的人会受挫被辱。正确的用兵之道是事备而后动，只有先做好准备，方可采取行动。城小而防守坚固，是因为有充足的物资储备；兵少而战斗力强，是由于进行正义的战争。如果防守而无物资储备，发动战争而非正义，天下谁也无法使其防守坚固、战斗力强大。"

威王又问："不用武力，能否使天下归服呢?"

"不行。"孙膑明确地回答说："只有用武力战胜敌人，才能使自己强大巩固起来，才能使天下归一。古时候神农氏战胜补遂（古国名），黄帝战胜蚩尤（传说是九黎族首领），尧帝讨伐共工（尧的大臣），舜帝征服三苗（部落名），商汤灭掉夏桀（夏朝最后一个君主），周武王讨伐殷纣（商朝最后一个君主）及周公旦平定商朝的残余势力的反叛，无一不是动用武力解决问题的。所以只有战胜才能强立"。

"战胜才能强立?!"

"对!现在有很多反对战争的观点,如儒家的'仁义'、墨家的'非攻'、道家的'无为',这些观点都有一定的道理,但是并不适合现在的局势。就像我上面提到的五帝三王,他们都无法用积仁义、倡礼乐来禁止战争,那么现在的人功德、才能、智略都不如圣贤,又怎么能做到呢?所以要用正义之战来制止不义之战。"

"齐国先贤管仲在他的《立政》篇中明确说过'寝兵之说胜,则险阻不守。兼爱之说胜,则士卒不战。全生之说胜,则廉耻不立。私议自贵之说胜,则上令不行。'现在,魏国迁都大梁,战略东移,矛头所向,首当其冲的就是我齐国。当此敌国虎视眈眈、觊觎齐国富饶河山之时,怎能让废止军备的寝兵之说占上风呢?怎能让空谈泛爱人类的兼爱之说占上风呢?怎能让全生保命的道家全生之说占上风呢?怎能让胡说八道、不负责任的自由空谈占上风呢?"

"孙先生说得对!"齐威王感慨地说:"先祖在位时,三晋不断伐我。周威烈王二十一年(前405),魏、赵、韩三国趁韩悼子去世,田氏发生内乱而联合伐我。我军惨败,从此一蹶不振。第二年,三晋联军一直攻入我长城。此战之后,三晋名声大振,被封为诸侯。周安王二十二年(前380),三晋又伐我一直打到桑丘(今山东省滋阳县)。两年后,三晋趁我国有丧事而攻我灵丘(今山东省高苑县)。五年后(前373),燕国林营(今河北省河间、沧县间)大败我军,魏国、鲁国也趁机伐我,后来,就连小小的卫国竟也攻占我国薛陵。这种'诸侯并伐,国人不治'的局面,本王与文武大臣费了多大的力气才使之出现一点转机，关于今天究竟如何应对严峻的列国形势，我很想听听孙先生的高见。"

"高见二字不敢当，"孙膑说："想我齐国曾是中原霸主，如今却屡屡战败，这的确是个严酷的问题。为今之计，齐国要生存，要发展，要不受人家欺侮，就只有富国强兵。富国强兵必须认清主要敌人。在今后的一个相当长的时期内，齐国的主要敌人只有一个，就是魏国。"

"先生此言有何依据？"将军田忌不解地问。

"魏、赵、韩三家分晋以后，在魏文侯时尚能联合一致对外行动，武侯以后三晋的关系已经破裂。现在魏惠王当政，雄心勃勃，企图重振当年魏国独强的霸主地位。可是，西方秦国的崛起，使魏国一再丧城失地，向西发展已不可能；向北，北有赵、燕两个大国，以一对二，力不能及；向南，楚国地方5000里，越国军力强悍，也想问鼎中原，因而魏国也不可能南进。正是如此，魏国才东迁国都，意欲东图。"

齐威王赞叹说："有道理，有道理！孙先生纵论天下大势，洞若观火，真使人振聋发聩，受益匪浅啊！那么，我们应如何对付魏国呢？"

"魏国既然是我齐国的主要敌人，那么，齐魏之间的大战就是不可避免的了。但是，现在的齐国打不过魏国，现在的楚国也打不过魏国。也就是说，齐、楚、赵、韩单个同魏较量，谁也不是它的对手。有鉴于此，我齐国就必须结交诸侯，共同对魏。只有这样才可以延缓魏国东进攻齐的时间，从而赢得自我发展的时间。"

威王又问："那么如何自我发展呢？"

"'先为不可胜，以待敌之可胜'。这是先祖十三篇兵法中的话。就是齐国要预为战备，等待和创造战机，乘机胜敌。那么，从军队建设来说，核心的问题是要实行精兵政策，建立一支能攻善守的精锐的技击部队。从兵力部署来说，修筑长城与亭障壁垒要与兵士相配合，做到能攻能守，攻守兼备。至于选将练兵，指挥作战，武库配置，车骑协同等，都要做到有备无患，乘机出击。"

听到这，齐威王兴奋地站起身，走到孙膑面前，握住孙膑的手说："先生果然是奇才呀，我齐国得到先生相助，一定能恢复往日雄风，重新称霸中原！"

过了几天，齐威王又招来孙膑和田忌探讨用兵之道。

齐威王问："如果两军势力相当，双方的将领对阵，阵势都十分坚固，谁也不敢先发动攻击时，应该怎么办呢？"

孙膑回答道："先派出少量兵力，由勇敢的低级将领带领去试探敌情，要做好试探失败的准备，不要只想取胜，试探的军队要用隐蔽的行动，攻击敌阵侧翼。这就是取胜的方法。"

威王问："用兵多少有一定的规律吗？"

孙膑说："有。"

威王问："在我强敌弱，我方兵多敌方兵少时，该怎么办？"

孙膑向齐成王施一礼后回答道："君主所提问题真是英明。在我方兵多势强的形势下，还问如何用兵，这种谨慎的态度，确实是安邦的根本。在这种形势下，可以采用诱敌策略，叫做'赞师'，即是故意让本方军队队形散乱，迎合敌方心理，引敌方和本方交战。"

威王又问："如果敌方兵多，敌强我弱，又该怎么办呢？"

孙膑说："要采取退避战术，叫做'退威'，避过敌军的锋锐。但要做好后卫的掩护工作，让自己的军队能安全后退。后退军队持长兵器的兵士在前，持短兵器的兵士在后，并配备弓箭，作为应急之用。我方的主力军队不能轻易行动，要等待敌军疲惫时再伺机出动。"

威王问："我军和敌军同时出动，而又不知敌军兵力多少时，该怎么办呢？"

孙膑说："这叫做既危险又能取得成功。在这种情况下，敌军将要进攻，我军分为三阵迎战，以一阵后援。能打就打，不能打就撤出战斗。"

"攻击走投无路的穷寇应该怎么办？"威王又问。

孙膑说："狗急了跳墙，猫急还咬人呐！不要过于逼迫，等敌人寻求生路的时候再设法消灭它。"

威王问："如果双方势力相当该怎么办？"孙膑回答道："要迷惑敌军，分散其兵力，我军抓住战机，在敌军尚未发现之时，给以突然袭击。但是，在敌军兵力没有分散时，要按兵不动，耐心等待战机。千万不要中敌军疑兵之计，盲目出击。"

威王问，"如果我军和敌军兵力为一比十时，有攻击敌军的办法吗？"

孙膑回答说："有！可以采用'攻其无备，出其不意'的战术，对敌军采取突然袭击。"

威王问："在地利和兵力都相当的情况下，却遭遇失败，又是什么原因呢？"

孙膑回答："这是由于自己的军阵没有锋锐。"

威王问："怎样才能使得兵士听命？"

孙膑答道："靠平时的威信。"

威王说："你说得太对了！你讲的用兵之法真让人受用无穷啊！"

田忌作为统兵将领，心中更有一肚子的问题要问孙膑，但见威王和孙膑相言甚欢，一时不好插话。见到威王停止了问话而对孙膑赞叹不已，赶忙将心中的一堆疑问和盘说出："请问孙先生，用兵的忧虑是什么？使敌军陷入困境的办法是什么？不能攻占壁垒壕沟的原因为何呢？失去天时的原因是什么？失去地利的原因是什么？失去人和的原因是什么？请问，这6项有没有规律可循？"

孙膑听到田忌连珠炮似的发问，微微一笑，回答说："有。用兵最大的忧虑是不得地利。让敌军陷入困境的办法是据险。所以说，有三里的沼泽泥泞地带，就会给军队的行动造成巨大妨碍，无论是我方还是敌方，在这种情况下要通过沼泽泥泞地段或涉渡江河，众多的战车甲士将被迫停滞，无法前进。因此说：妨碍军队行动的是不利的地形，陷敌于困境的是险阻要隘。壁垒沟堑不能攻克的原因是沟渠隘塞对敌人是有利的，而对我军却是不利的。不利的地形作战势必难以取得胜利。不得天时、地利、人和的原因是没有把握这三方面的规律。这三个方面，没有比人和更宝贵的了。取得胜利的因素不是单一的，天时、地利、人和这三个条件不具备，即使取得胜利也会带来灾祸。因此必须具备了这些条件才能作战，到不能不战的时候再作战。所以要抓住有利战机，而不是反反复复地用兵。"

田忌问："如果敌人按兵不动，那怎么办？"

孙膑说："可以击鼓作出进军的样子而实际按兵不动，等待敌军来攻，并且千方百计引诱敌军。"

田忌又问："进军部署已经确定，在行动中怎样让兵士完全听从命令呢？"

孙膑回答说："严明军纪，同时又明令悬赏。"

田忌问："赏罚是用兵中最要紧的事项吗？"

孙膑说："不是。赏赐是提高士气，使得兵士舍生忘死作战的办法；处罚是严明军纪，让兵士对上畏服的手段。赏赐有助于取得胜利，但不是用兵最要紧的事项。"

田忌又问："那么，权力、威势、智谋、诡诈是用兵最紧要的事项吗？"

孙膑回答："也不是。权力是保证军队整体指挥的必需，威势是保证兵士勇敢作战的条件，智谋可以使敌军无处可防，诡诈能让敌军陷入困境。这些都有助于取得胜利，但又都不是用兵最要紧的事项。"

田忌任将军多年，指挥过大小无数次战斗，威名远播。此时，一连提了十几个问题，都被孙膑回答"不是"，他心中十分不悦，脸上也变了颜色，田忌怨怒地说："奖赏、惩罚、权力、形势、计谋、诡诈这 6 项都是善于用兵的人常用的，而您却说这些都不是最重要的事项，那什么才是最要紧的呢？"

孙膑说："充分了解敌情，根据当时形势和战局将会出现的变化，利用好地形，激发士兵，临战前使士卒保持旺盛的斗志等等，这都是将帅的重大责任。坚决打击敌人空虚而要害之处，即所谓必攻不守，才是关系全局的胜负、安危、成败、主动与被动的关键，这才是用兵最紧要的问题呵！"

田忌顿时觉得豁然开朗，许多年来，他统兵打仗，虽也有胜利之时，但多数时候总感力不从心，很难把握战争的态势。听了孙膑的一番分析，田忌十分庆幸齐国能得到这样一位军事人才，他相信有了孙膑齐国定能实现霸业，称雄中原。田忌恢复了亲切的语气，面带微笑地又问："请问先生，敌军摆开阵势却不进攻，有办法对付吗？"

孙膑说："当然有办法。利用险要地形增加堡垒，约束士兵，不许轻举妄动，不要被敌军的挑衅所激怒。"

田忌问："敌军兵多而且勇猛，有战胜敌军的办法吗？"

孙膑说："有。要增加堡垒，广设旗帜，用以迷惑敌军，并且严申军令，约束士兵，避敌锐气，使敌军骄傲自满，并设法牵制敌军，使敌军劳乏，然后出其不意，攻其无备，消灭敌军力量，同时还要做好打持久战的准备。"

田忌说："您说得太好了！我还有几个问题要请教先生，采用锥形队形有什么作用？用雁形队形有什么作用？选拔强壮士兵做什么用？使用发射强弩硬弓的士兵起什么作用？用飘风一般快速机动的队形起什么作用？普通士兵又起什么作用？"

孙膑说："采用锥形队形，是为了冲破敌军坚固的阵地，摧毁敌军的精锐部队。运用雁形队形是对敌时便于本方相互策应。选拔强壮士兵是为了决战时能够捕捉敌人的首领。使用发射强弓硬弩的士兵是为了在双方相持不下时能够坚持作战。使用飘风式机动快速队形，是为了追击逃跑的敌人。普通士兵则是配合作战，保障战斗胜利。明智的君王和精通兵法的将领，都不会用普通士兵去完成关键任务。"

面对齐威王和田忌的询问，孙膑侃侃而谈、对答如流。显示了孙膑的渊博学识和敏捷的思辨，谈话中经常闪烁出智慧的火花，令威王和田忌又惊又喜。威王不禁从王位上站了起来，走到孙膑面前施了一礼说："感谢上苍，让我齐国得到孙先生这样的奇才，今日与您的一席话，使本王受益匪浅，请受我一拜！"田忌也急忙上前施礼。孙膑此时激动不已，他连忙想起身行跪拜之礼，怎奈双腿无力，无法移动。威王和田忌上前扶住他，孙膑眼含热泪说："大王，从今以后为齐国、为大王，我孙膑定会鞠躬尽瘁、死而后已！"

十三、田忌赛马

自从孙膑与威王、田忌论兵后，田忌对他十分敬重，吃住起居照顾得无微不至。渐渐的孙膑的身体强壮起来，脸上也恢复了往日的光彩。一有空，两人就研讨军事、议论战争。田忌又让能工巧匠给孙膑制造了一辆特殊轮椅车，上有车篷，周围有帘，雨天挡雨，晴天遮阳。两个扶手之间还可以嵌入一块木板，可放置书籍，也可写字。田忌还为其配备了专门的车夫，经常带着孙膑到郊外行围打猎，旅游散心。

又是一个明媚的早晨，孙膑早早起来，洗漱完毕。他又拿出中原地图研习，为了齐国的富国强兵，孙膑加紧分析列国形势、兵力对比。

车夫走了进来，说："孙先生，今日威王要和我们田将军赛马，你要去看么？"

"赛马？对了，我听说齐国很早就有赛马的传统。"

"是啊。我们威王可喜欢赛马了，经常和我们将军比试。"

孙膑说："这么好看的比赛，当然要去。"

谁知车夫脸上并没有兴奋之色，而是对孙膑说："好看什么呀，这次呀我们田将军还得输。"

孙膑笑着问："还没比赛，就知道胜负，难不成你会掐算？"

"先生别取笑小人了，我哪会掐算。只是田将军每次都输！我们田将军的马哪比得上威王的马呀。"说完就去准备外出的东西了。

孙膑来到赛马场，只见这赛马场相当宽广，两条笔直的赛道东西横卧在面前，北面的看台上坐满了王公贵族，赛道两旁也围绕着许多观看比赛的百姓。

比赛就要开始了，按照规则每家各出三匹马，连赛三场，赢两场就算胜者。

鼓声响起，比赛开始。只见两匹马奔驰而去，卷起一阵风沙，顿时人声鼎沸。两匹马竞相追逐，让观看的人们都握紧了拳头，渐渐的田忌的马慢了半步，急得田忌从座位上跳了起来，拼命为自己的马加油。但最终田忌的马仍然落后，输掉了比赛。

第二场、第三场同第一场一样，田忌的马都以半步之差输了。

车夫丧气地说："看吧，每次都差一点点儿。"

田忌闷闷不乐地回到将军府，对孙膑说："唉！技差一筹，又输了。我养的马，都是能征善战的骏马，可每次跟威王的马一比就败下阵来，而且就差一点点，好像捉弄人似的。不仅输了钱，还在各位大臣面前丢尽了面子，真是气人！"

孙膑听了笑笑说："将军莫愁，我有办法让你获胜。"

"什么办法？"

"您明日再与威王赛马，可下大赌注，我保您赢。"孙膑斩钉截铁地说。

"先生说话算数？"

"当然！"

"好，那明天就看您的了。"

田忌当即与齐威王约定明日再赛马，并赌了一千钱。第二天大家又来到赛马场。齐威王的骏马耀武杨威，十分剽悍。田忌有些不安，问孙膑："先生有什么办法，使我一定取胜呢?"

孙膑说："齐国最好的马，自然都集中在大王身边。我昨天看过，赛马共分三个等级，而每一级的马，都是您的比大王的稍逊一筹。若按等级比赛，您自然三场皆输。但我们可以这样安排：用您第三等的马与大王一等的马比赛，必然大输。但接下来，用您一等马与大王的二等马、二等马与大王的三等马去赛，就可保证胜利。这样将军输了一场，赢了两场，岂不稳操胜券?"

田忌一听，恍然大悟，他兴奋地说："果然妙计啊! 先生，我怎么就没有想到?"于是吩咐下人，按照孙膑的话准备。

齐威王精神抖擞地坐在看台上，一副胜利者的姿态。

比赛就要开始了，齐威王一看田忌的一等马一副没精神的样子，完全没有骏马的威风，更加得意，对田忌说："田将军，你的马真是越来越差啦，一等马就这副模样，看来今天又要输银子了，哈哈哈……"田忌笑笑，并不言语。

赛马一开始，齐威王的马就遥遥领先，而田忌的马则慢慢悠悠地在后面跑，即使用鞭子使劲儿抽打，也没法快跑，很快就被齐威王的马甩开老远。看台上的大臣们也都议论纷纷："以往田将军的马都紧紧跟随威王的马，今天怎么这么差?""可不是么，你看田将军也不着急，还乐呵呵的，真是令人费解。"

第一场比赛田忌输了，群臣鼓掌欢呼庆祝威王赢得了第一场比赛。

很快第二场比赛又开始了，田忌的马威风凛凛、昂首挺胸进入赛道。随着鼓声响起，田忌的马像箭一样冲了出去，把威王的马甩在了后面，很快到达了终点。田忌兴奋得跳了起来。

齐威王此时没有刚才那么得意了，心里纳闷：今天田忌的马怎么比自己的强这么多？一定是田忌运气好，赢个一场半场的，不足为虑，关键是第三场。

第三场是田忌的二等马对威王的三等马，不用说，威王又输了。

齐威王输了赛马，心情烦闷，他想不明白，田忌以前从未赢过，为什么今天一连赢了两场比赛，于是问田忌："田将军，今天的赛马是你新买的？"

田忌说："大王，我哪里买了新马，我的马就是昨天的马啊。"

齐威王脸色一沉："那为何今天连赢我两场？怎么，你连我都要欺瞒么？"

田忌赶忙说："大王冤枉我了，马真的是昨天的马，只不过有人给我出了计策，我才取得了胜利。"

"哦？什么计策，快告诉我。"威王很感兴趣地催着田忌快说。

田忌说："大王，还是让孙先生给您解释吧。"

孙膑说："据我仔细观察，田将军与大王的马均可分为上中下三等，虽然大王的马占有优势，但速度相差很少。三马相赛，总共有六种对策，即一是上马对上马、中马对中马、下马对下马；二是上马对上马、下马对中马、中马对下马；三是下马对上马、中马对中马、上马对下马；四是中马对上马、上马对中马、下马对下马；五是中马对上马、下马对中马、上马对下马；六是下马对上马、上马对中马、中马对下马，而田将军要赢大王只有一种对策，那就是今天比赛所用的第六策，这样便可保证二胜一负。"

　　齐威王听了，哈哈大笑说："真想不到赛马游戏还有这么多学问。"

　　孙膑严肃地说："大王，这可不是戏耍之道，而是用兵之道。"

　　"用兵之道?!"

　　"对，这是以弱胜强的用兵之道。"

　　"这又如何解释?"齐威王问。

　　孙膑说："大王，三队赛马，犹如敌我上中下三军之阵，对阵之法就有六种；如果有五军之阵，对阵之法就有一百二十种；如果有八军之阵，对阵之法就有四万零三十二种。这难道不是用兵之道么?"

　　齐威王被孙膑的一番话说得目瞪口呆，半天没说出话来。突然，齐威王哈哈大笑起来，"孙先生真是奇才呀！本王今天虽然输了马，但我不仅没有输，反而是大胜。有孙先生这样的人辅佐我，难道不是我的胜利，齐国的胜利么?"

　　田忌也受到感染，连声说："是啊，是啊，有孙膑先生这样的能人在我国，实在是我国强盛兴旺的保证。"

　　齐威王当即传令，除了输给田忌的一千钱以外，另外奖赏孙膑一千钱，拜孙膑为军师，同时为孙膑修建军师府。众大臣纷纷向孙膑祝贺，只有国相邹忌在一旁面色阴郁。孙膑忙着向大臣们还礼，没有过多理会。

　　待众人慢慢散去，邹忌走到孙膑面前施礼后说："久仰孙先生大名，今日有幸得见先生的才智谋略，果然不同凡响，邹忌实在是佩服。孙先生初来齐国就得到大王如此赏识，真可谓大鹏展翅，志酬意满，今后还望孙先生多多指教！"

孙膑连忙回礼，谦虚地说："国相言重了。孙膑不才，初回齐国，本无建树，得到大王厚爱实在使孙膑感激涕零。还望国相今后多多关照才是！"

　　邹忌看了一眼孙膑身后的田忌，说："哪里！哪里！孙先生有田大将军庇护，定能战无不胜、屡建奇功呵！"

　　孙膑听出国相邹忌话中有话，又见田忌的脸色变得十分难看，心中诧异。邹忌离开后，孙膑悄悄地问田忌："田将军，邹忌相国话中似有嘲讽揶揄之意，不知可是我多心了？"

　　田忌说："先生果然心明眼亮。邹忌身为相国，我为将军，实在不该存有半点不合之意。可他总找机会讥讽于我，我心中与他自然有隙。我知道，他是担心我会与他争夺大权。哼！他这是以小人之心度君子之腹，我与大王是同宗，就如同你我，既是同宗，还有什么可争可抢的？况且，大王对我不错，我就是念着国家的利益，和他邹忌也要客客气气。只是，我不与他争，他却与我较量，经常叫我难堪，实在是令人气愤！"

　　田忌的话让孙膑不禁暗吃一惊，初回齐都，本以为回到了清静之地，却不曾想曾经鼓琴说齐王的国相邹忌心胸竟如此狭窄，容不下旁人得到威王的信任和宠爱。对于未来，邹忌和田忌的关系好似一片阴影蒙在了孙膑的心中。

十四、庙堂论战

　　孙膑自"威王问军"和"田忌赛马"后，他的军事才能得到齐威王和当朝大臣的认可，军事谋略家的地位也得到了巩固。

　　这一日，孙膑和田忌正在教练场训练齐军，教授司马（掌管军政、军赋的副官）及各级将领治军之事。孙膑说："军队的优胜，在于士卒是经过挑选的精兵，兵贵精而不贵多。军队作战的勇敢，在于组织指挥的严密。有严密的组织指挥是军队发挥整体威力的重要保证和环节。军队作战的机巧，在于能创造有利的态势，这种态势不仅指战场态势，而且也包括平时训练。军队战斗力的强弱，在于赏罚必信，只有赏罚公正无欺、言出必行，士兵才会勇敢作战不怕牺牲。军队的政治素质好，在于管理教育有方，只有通过严格的管理教育（即"道"），才能提高军人的政治素质（即"德"），而政治素质是军队建设的深厚基础。军队的物资供应充裕，在于能速战速归。军队的强盛，在于能及时休整。军队的削弱，在于频繁作战。"

　　"而将领必须具备三个条件：一要信，二要忠，三要敢。'信'是对将领的思想作风要求，即信赏明罚，不这样，士兵就离心离德；'忠'是讲将领的品德，即忠于君主，由于将领有独立指挥权，战争又关系国家安危，所以，将领必须绝对可靠；'敢'是敢于纠正各种错误行为，大胆管理，严格要求，不敢纠正错误行为，士兵就不会敬服。"

正在这时，有士兵来报："大王有令，命田将军和孙军师进宫见驾，有要事相商。"

齐皇宫太庙内，正在展开一场关乎齐国今后战略发展走向的重要会议，国相邹忌、大将军田忌以及军师孙膑等大臣都在一脸严肃地看着齐威王。

齐威王说："这是刚刚收到的赵国告急文书，文书上说魏国大将军庞涓率领八万大军要吞并赵国，眼看就要打到赵国国都邯郸了，赵国无力抵抗，眼下有亡国的危险，因此派特使求本王速发救兵，以解赵国燃眉之急。如果本王能出兵，赵国愿把中山之地割让给我国。现在看来，去年魏惠王来我国结盟，看来实是来探究我国实力，意欲图霸中原。众位卿家对于是否救赵一事都有何见解？"

国相邹忌在旁边说话了："救不救赵，臣以为必须为着齐国利益着想。对齐国有利就救，对齐国不利就不救。我们得从大局出发。"

将军田忌不屑地说："依国相之意，那救赵是对齐国有利还是不利呢？"

邹忌说："不利，百害而无一利！大王，魏国兵精粮足，庞涓骁勇善战，况且我国正与魏国修好，若此时兴兵救赵，简直就是引火烧身、为他人做嫁呀！"

未等威王答话，田忌紧接着说："大王，两国相处，当以信义为先，邻国有难，坐视不救，岂不为天下人耻笑！何况我国虽与魏国似有交情，但终是貌合神离，庞涓今日吞赵，怎知他明日不来吞齐呢？今日我若出兵，联合赵国，打败魏国，挫其威风，伤其锐气，使他不敢轻举妄动，对赵国也好对我国也好，都是件有利的事，更何况又能得到中山之地呢！"

邹忌说："中山虽好，但不能因小失大，我齐军现在还不是魏军的对手，明明打不过魏军又硬要去打，岂不是以国家命运作赌注，岂不是以军民性命作赌注吗？这全然是一件火中取栗的蠢事！"

"你！"田忌气得满脸通红，却又不知如何反驳。

大臣段干朋急忙出来解围说："二位大人不要着急，其实这件事也并不一定就只有救赵和不救赵两种解决办法。"

威王问："那么段大人有什么高见？"

段干朋说："大王，我们可以承诺救赵，但先按兵不动，等魏国与赵国两败俱伤，魏军极度疲劳之时，再大举进攻，重创魏军。"

威王听着三个人的观点都有道理，一时没了主意。他忽然发现，军师孙膑一直坐在他那张特制椅子上，神情安详，一语不发。威王敏锐的察觉到孙膑一定早有腹案，于是说："不知军师有何高见？"

果不出威王所料，孙膑放下手中茶盏，一副胸有成竹的样子，说："大王，臣以为现在正是您重振威风的绝好时机！"

威王听了心中一动，"哦？请军师再说得明白一些。"

"此前，大王与赵成侯在平陆签订平陆盟约，决定共同抗魏，那么我军出兵就是师出有名，天经地义，必会受到诸侯拥戴，得道多助。"

"魏赵韩三晋原是一家。魏文侯时，三晋一家，我齐国屡遭兵燹。现在，三晋出现裂痕，赵国与我齐国结盟，出兵攻卫，无异于夺取魏国口中之食。魏赵裂痕愈是扩大，愈是对我齐国有利，我们愈应加以利用。我国若不出兵，无论赵败于魏，还是赵降于魏，都不仅使大王平陆之盟前功尽弃，而且赵成侯势必因我见死不救而与我反目成仇。其结果是，我齐国少了一个朋友，多了一个敌人。"

"臣曾说过，我齐国的主要敌人只有一个，它就是魏国。以此为军国之计，和也好，战也好，都应以削弱魏国为指归。现在魏赵交恶，正是天赐良机。魏国此举，无异于作茧自缚，愚蠢之极。不难看到，秦国、楚国都会趁机渔利，蚕食魏国疆土。除韩国之外，魏国将处于四面树敌、孤立无援的困难境地。依臣之见，大王应坚定救赵抗魏的决心。待魏国衰落之时，东方的首强非齐国莫属。"

众人听了孙膑一番妙论，个个露出欣喜的神情，对孙膑的分析敬佩不已。

只有国相邹忌表情冷漠地问："军师分析得十分透彻，可我国军队目前根本不是魏国的对手，该如何救呢？"

孙膑笑笑，说："这是兵家决胜之道，不可先传呐！"

齐威王和众位大臣听了都哈哈大笑，邹忌笑也不是不笑也不是，被奚落得满面通红。

齐威王说："有了军师之言，本王信心大增。本王心意已决，赵国非救不可，全国要上下齐心。救赵一事，命田忌为上将军，统一指挥，孙膑为军师，运筹帷幄，辅佐上将军，即日起兵。"

公元前354年，田忌、孙膑率领八万军队，开赴齐、赵、魏边境。

十五、出兵救赵

公元前458年，晋哀公即位不久，晋国六卿（智、赵、魏、韩、范、中行）之一的智伯掌握晋国的实权，他伙同韩、魏瓜分了范、中行的邑地。接着智伯又联合韩、魏围攻晋阳，引水灌城，企图一举灭赵。赵襄子派使者秘密出城来见韩、魏二人，说："我听说唇亡齿寒。现在智伯率领韩、魏两家来围攻赵家，赵家灭亡就该轮到韩、魏了。"于是，三家相约共同反对智伯，赵襄子派人杀掉智军守堤官吏，使大水决口倒灌智伯军营。智伯军队为救水淹而大乱，韩、魏两家军队乘机从两翼夹击，赵襄子率兵从正面迎头痛击，大败智军，杀死智伯。公元前453年，赵、韩、魏三家瓜分了晋国的领地。公元前403年，即周威烈王二十三年，赵、魏、韩三家被封为诸侯，晋国宣告灭亡，赵国、魏国和韩国，简称三晋。

赵国在公元前386年，即赵敬侯元年，迁都邯郸（今河北省邯郸市南）。其国土疆域自今陕西省的东北部，过黄河有今山西省的中部，更伸向东北部、东南部，兼有今河北省的东南部，并涉及今山东省西边的一角和今河南省的北端。全境东北与东胡、燕接壤，东与中山、齐接界，南与卫、魏、韩交错相邻，北与林胡、楼烦接界，西与魏、韩交错接界。

三晋时合时散，合起来攻楚、伐秦、击齐均能胜利；散时互相攻伐，或胁迫小国朝贡，或单独与楚、秦、齐作战，则均失城失地。

魏惠王多年来频频征战，深感国力不支。因此，他采取了联合三面而专门对赵，抑赵挫韩以威服三晋称霸中原的战略方针。公元前357年，魏惠王在邢地（今河南省温县）与韩昭侯缔结友好盟约。公元前355年，魏惠王入齐与齐威王相会，同年，在杜平（今陕西省澄城县）又与秦孝公会盟。这些举动，明眼人一看便知魏惠王是要专心对付北方的赵国。

事实上，赵成侯、魏惠王嫌隙由来已久。

公元前369年，国君魏武侯去世，公子莹和公子缓争夺王位。魏国国内大乱，政局不稳。公子缓势力较弱，逃往与魏国毗邻的赵国都城邯郸求助。莹即位为国君，即魏惠王。魏国大夫公孙颀也从宋国进入赵国，再转去韩国都城郑，劝韩国发兵破魏。这时，赵成侯与韩懿侯为了削弱魏国，乘其内乱，亲率两国军队，联兵大举攻魏。联军在黄河以北集结汇合，然后进攻魏国城邑葵（今河南焦作西北），一举将其攻克，鼓舞了士气。接着，挥兵西进，攻打魏国国都安邑（今山西夏县西北）。魏惠王坐镇都城，连忙派出魏军在浊泽迎战韩、赵联军。两军摆开阵势大战。联军势盛，大败魏军，进而包围都城安邑。惠王在安邑城内束手无策，只好静观其变，寻机破敌。

此时，联军营垒中发生了分歧，赵成侯主张除去魏君，改立公子缓为王，而后割地退兵，这样对赵、韩都有利。而韩懿侯则认为这样不可以，他主张将魏国分为两个国家，国力都不强于宋、卫，这样便不会再有强魏这个祸患了。双方国君固执己见。韩懿侯乘夜率其军队离去。赵成侯见赵军势孤，不能再战，也带领军队撤走。联军不战自破，立时解了安邑之围。而魏惠王却与赵成侯结下了仇怨。

公元前 354 年，赵国为了兼并土地和扩张势力，又向卫国进攻，迫使卫屈服朝贡。

当一直进贡于魏的卫国倒向赵国后，惠王气得怒火中烧，召见文武大臣，决定派大将军庞涓率八万精兵举事伐赵，夺回卫国两城。

庞涓说："大王，恕臣直言，赵国侵卫正揭示了其狼子野心，臣以为赵国之所以敢公然侵卫，是因为有齐国为他撑腰，前年赵成侯不仅不与卫、鲁、宋、韩一道参加对大王的朝觐，反而跑到平陆（今山东汶上北）去与齐威王相会，那就已经是藐视魏国的信号，今天又公然侵卫，简直不把我们魏国放在眼里，因此请大王允许我直捣赵都邯郸。"

这一提议正符合魏惠王报仇心切的心理，惠王非常赞同他，说："庞将军所言极是。若攻克邯郸不仅可阻挡赵南下势力，且卫国也可尽归于我魏国，我强魏独霸中原之势即时形成。好啊！好啊！"

事实上，赵都邯郸（今河北省邯郸市南）久已成为惠王的猎取目标。赵都邯郸与魏国河外地区的大梁（今河南省开封市）为赵、魏、齐三国军事活动中心。邯郸西有太行山脉。太行山蜿蜒至西为析城、王屋二山，将魏国分为东西两部分。邯郸的北、东、南三面，均属当时的黄河平原（当时黄河入海口未改道，黄河自河南省武陟县北经滑县向东北流去，循卫河之道入渤海）。邯郸的南面有漳水，魏国东方军事经济中心濮城（今河北省临漳县）就在该区内。黄河的东面有濮水，魏国观地（今河北省武邑县）在濮水边上，周显王元年（前368）齐军大败魏师于观津；即在此地。濮水的东南有济水（后黄河改道流经此河，即为今天的黄河）。卫国正在邯郸与大梁之间，为赵、魏两国必争之地。魏武侯时，赵、魏对卫曾有过激烈争夺，赵国凭借邯郸、魏国凭借大梁。由此便可看出，邯郸对于魏便如骨头卡在咽喉之中，魏取邯郸也是不得已而为之，实在不是魏的胃口大，直捣赵国国都，实在是赵国都城建得不是地方。魏国大梁东邻宋国，北面是鲁国。鲁当时已为齐国威服，几乎等同于属国。宋国此时非常衰弱无能，其国土任凭齐魏两军进进出出而无力阻挠。魏都大梁虽为魏国东方政治、经济、军事、交通之中心，然而却无山河之险可依，平原旷野，一任驰骋。魏惠王既与秦、齐、韩三国缔结友好盟约，便可一心攻伐赵国；且依凭自己无险可依、能任千军万马驰骋的大梁而几百里趋兵征伐赵都邯郸，实在是一个大胆的创举。

然而，这一创举却遭到魏国一个叫季梁的老人的非议。

魏王要攻打邯郸的消息在大梁城内外一传开，这位叫季梁的老头本打算出城，走到半路，他便折回城内，衣服上的折皱没来得及舒展，头上的尘土还没来得及洗去，就前往王宫求见魏惠王。

季梁对惠王说："臣下今天回来的时候，在大路上看见一个人，正朝着北面赶他的车，他告诉臣下说：'我要到楚国去。'臣下说：'您要到楚国去，为什么往北走？'他说：'我的马好。'臣下说：'马虽然好，可这根本不是去楚国的路啊。'他说：'我的路费多。'臣下说：'路费虽然多，这毕竟不是去楚国的路呵。'他又说：'我的车夫驾车技术好。'臣下说：'这几样越好，离楚国不是就越远吗!'由那人的举动看大王,现在大王的行动是想成就霸主的事业,想取信于天下,然而依仗大王国家的强大,军队的精锐,而去攻打邯郸,来扩展土地使名分尊贵,大王这样的行动越多,离大王事业的成功就会越来越远,这跟那个想去楚国而往北走的人有什么不同呢?"

"大王,凡事不能操之过急,人要站得高一点儿,眼光要放得远一点儿。虽然说迁都大梁是为了向东发展,但是东方的齐国、燕国、楚国也不比秦国弱小。魏国要发展,首先要谋求与赵国、韩国的联盟,争取恢复到当年文侯时代那种局面。三晋联合,事业就兴盛;三晋分裂,就是自撤藩篱。小不忍则乱大谋!"然而魏惠王并不以为然。

魏国八万大军在庞涓的率领下,一路北上,斩关夺隘、势如破竹,很快便深入到赵国腹地中牟(今河南鹤壁西)一带,中牟原是赵国的国都,赵敬候于公元前386年即位后把国都迁址邯郸。此处距离邯郸仅百余里。

邯郸自西而南而东,有漳水、滏水、牛首水,西有太行山、紫山,北有插箭岭,山环水抱,城池高大坚固,而且邯郸以粮储丰富而闻名天下,可谓易守难攻。

几天后,魏军将邯郸团团围住,庞涓并未把赵国军队放在眼里,他认为凭着在列国中数一数二的魏军的战斗力,攻下邯郸应该指日可待。正在此时,从大梁传来消息齐国接受了赵国的求援将要出兵救赵。齐国与魏国这些年屡次交战,齐国输多胜少,庞涓心里并无太多顾忌,不过正值他进攻赵国邯郸之际,他也不想多生变故。于是庞涓重新部署进攻邯郸的计划。庞涓决定在包围邯郸的同时,留出一支队伍对付齐国的援军。庞涓吩咐手下拿来地图，仔细研究。齐赵边境距邯郸不过百余里，如果来解邯郸之围，齐军就当距邯郸不远。齐军应驻扎在哪呢？

庞涓沿着临淄往西，看到地图上属于齐国边境的齐城和高唐两座城邑（齐城，今山东省济南与齐河之间；高唐，今高唐与禹城之间），此处可以屯兵。这时，齐城、高唐南部的一个城邑引起了庞涓的注意，卫国境内的茌丘（今山东省茌平境内）。如果齐国援军取道卫国，齐、卫联军进攻邯郸的魏军，那么会使魏军侧后方处于危险的境地。庞涓决定派出一支部队攻打茌丘，以解侧后之围。

此时的齐军已奔赴齐、赵边境齐城、高唐两座城邑。孙膑问田忌："现在魏军围攻邯郸，将军想如何解救赵都之围？"

田忌说："我想先率领大军直奔赵都邯郸，迎战魏军，军师你看如何？"

孙膑笑说："将军，这样做可不行。现在庞涓带着队伍攻打赵国，必定是把他的精锐部队全都带出魏国，而我们如果兴兵救赵，就等于与他的劲旅交战，我齐军本来战斗力就比魏军差很多，再加上长途跋涉，军队疲乏，这样很难取胜。"

田忌问："那该如何是好？"

孙膑说："我们要想解开一团乱丝，不能用手强拉硬扯，我们要想拉开两个正在打架的人，不能插手掺到里边乱打。发兵去解围也是这样，要避实击虚，使敌兵首尾难顾，自然可以解围。眼下魏国城中只剩下老弱残兵，我们不如兴兵伐魏，直捣魏国都城大梁，魏军知道，必然会放弃攻赵，回师救魏，这样，我们既解了赵国之围，又使魏军长途行进，疲于奔命。那时，我军在其归途上，择一居生击死之地，予以伏击，岂不一举获胜！"

田忌听得两眼发亮："好一个批亢捣虚、围魏救赵的妙计！

此举既解救了赵国，又大大挫败了魏国，真可谓一箭双雕。军师真不愧为天下奇才！"

孙膑摇摇头说："将军谬赞了，其实这一战术古已有之。春秋时晋国城濮之战，晋文公为了解救被楚军围困的宋国，也不是直接去救，而是去进攻楚国的盟国曹和卫，从而迫使楚国从宋撤围去救曹、卫。再如当年楚国的军队包围了江国，晋军统帅先仆正是通过攻打楚国来救援江国的，当晋军攻打楚国的北大门方城时，围攻江国的楚军统帅子朱也慌忙撤围而归。所以攻其必救的战法古已有之。"

田忌说："但军师如此博闻强识、又善于灵活变通，仍令人佩服啊。"

"将军过奖了，只是目前我们的战术还要保密。"

"那是一定，那么下一步我们应该怎么做呢？"

孙膑说："目前魏军有两万人袭击茌丘，他担心腹背受敌，咱们不妨就先拖住他这两万人马。将军可派出一支两千人的部队，伪装成我军主力，驻守在茌丘和卫都帝丘（今河南省濮阳）之间，摆出保卫卫都、保卫卫国的架势。这样可始终牵制这股魏军，使其分散兵力，以减轻邯郸的压力，增加魏军的消耗。"

"妙啊！"田忌高兴地说，"我这就派人准备。"

孙膑又说："将军，还有一件事也非办不可。"

"什么事？"

"治军！"孙膑严肃地说，"我军由于这些年与魏军屡战屡败，因此，现在一提魏军便谈虎色变、心生胆怯。更何况我们的计策不能让士兵们知晓，他们难免想不通、发牢骚，为了避免挫我斗志，我看要加强军队训练，练技艺、练阵法，还要练胆气，同时也要严格整肃军纪，从即日起，有谁违犯军纪，以身试法，一定要严惩不贷。而对于杀敌立功者，要给予重赏，都要按照军令认真执行，以提高我军的军威。这方面就靠将军了。"

田忌提高了声音说："放心吧，只要打了胜仗，定能重振我齐军军威！不过时间很紧啊，不知会不会见成效。"

孙膑笑说："将军放心，我看赵国邯郸至少能坚持一年。"

田忌诧异地说："能坚持那么久么？"

"当然，邯郸城有地利、人和两个优势，再加上我们一出兵更给赵王及其臣民们坚决抗魏的决心，坚守年余没有问题。"

不久魏军攻占茌丘，庞涓也得到报告，齐军主力在茌丘一带驻扎，意欲寻机北上。庞涓对自己的判断十分得意，命令军队继续占领茌丘，密切注意齐军动向。

十六、声东击西

　　庞涓率领魏军猛攻邯郸城，却遭到邯郸守军的顽强抵抗，赵成侯和军民上下一心坚守抗魏。一个月过去了，邯郸没有陷落；两个月过去了，邯郸没有陷落；三个月过去了，邯郸依然没有陷落。邯郸的防城战陷入僵局，魏赵双方相持不下，伤亡都很惨重。

　　随着连日的战争，昔日繁华兴盛的赵都邯郸已失去了往日的热闹景象。此时的赵成侯正站在城楼上向齐国的方向眺望，不是说，齐国在三个月前就已经派大军出动了么，怎么还没有来到邯郸？难道齐国因惧怕魏军而只是说说而已？赵成侯明白，齐威王不是一个不明事理的昏君，他不会不知道赵国一旦被魏国攻占，那么对齐国来说，无异于敞开了西边的门户，不久就会受到魏国的攻击，齐威王不会这么傻。更何况，赵国已允诺将中山之地割让给齐国，那可是一块不小的肥肉啊，可以成为齐国在西面的战略缓冲地，齐威王没理由不出兵救赵。可是齐军到底什么时候来呢？赵成侯继续眺望东方，可满眼都是魏军的军营。

　　庞涓这边也十分着急，眼看速战速决的计划就要泡汤了。如今围城的魏军伤亡较大，攻城力量不足，可是驻守茬丘的军队要防备齐军而不敢贸然调回。他在想：驻守茬丘的军队如果能调回攻打邯郸，也许很快就能拿下邯郸，如果不调，那么再用半年也打不下邯郸。可是如果一旦将军队调回，齐军乘隙而入，就有可能既无法拿下邯郸，又不能打败齐军，最后只能无功而返。调与不调弄得庞涓心里异常烦乱。

田忌和孙膑此时一边加紧练兵，一边密切关注邯郸的形势。田忌有点儿耐不住，对孙膑说："军师，现在看来攻打邯郸的魏军已显疲态，我们是不是应该率军解邯郸之围了？"

"不行，魏军还有余力，驻守茬丘的魏军还未投入战斗。"

"可是，我军驻扎在茬丘和卫国都城帝丘（今河南省濮阳市）之间，似乎完全没有作用。庞涓久攻邯郸不下，根本不会来攻打帝丘，我们驻扎在这里，让魏军看来岂不是显得我们根本不懂军事？"

孙膑微笑说："如果他们真是这么想，那就太好了。我就是让他们觉得齐军统帅不懂领兵打仗，根本不足为虑，这样他们会继续专心攻打邯郸，而根本不会理会齐军。接下来，请将军挥师南下，攻打魏国边邑平陵（今山东省菏泽市西南五十里的安陵集）。"

"什么？南下？邯郸在北，我们却要挥师南下。军师，我没有听错吧？"

"将军莫急，我这叫投石问路。我军挥师南下，诱使庞涓误以为我军不敢向西解邯郸之围。他势必将茬丘之军调回邯郸，这也说明邯郸魏军余力不多了。等茬丘之军也被消耗得差不多了，那时就是我们出兵的大好时机！"

"哦，我明白了。那为何要去攻打平陵呢？

孙膑神秘地笑笑，说："将军，到时你就知道了。"

田忌不死心地解释道："要知道，平陵位于魏国南部，是魏国的军事重镇，人多、兵强，很难攻击，更何况我们要攻打平陵，魏军可以从后边拦截齐国军队的粮道，行绝粮之途，岂不是自断后路？这可是一着险棋，攻打平陵不仅魏国不受威胁，还会让人耻笑齐军将领平庸无能，毫不知事呀。"

孙膑哈哈大笑，说："将军说得极是，我就是让魏军统帅认为我们毫无威胁，以起到麻痹敌人的作用。而且我这么做还有一个目的，就是调出魏国国都大梁的剩余军队，为我们的下一步计划作铺垫。"

田忌到此时才完全明白孙膑的意图，简直佩服得五体投地。当即下令齐军拔营而走，直奔平陵。

随着被围困的时间越来越久，赵国都邯郸的守卫也越来越艰难。粮食几乎都吃完了，守军也陷入极度疲惫中。赵成侯已发出三批人马向齐国求救。魏军把邯郸围得水泄不通，似乎不拿下邯郸决不罢休。赵成侯此时觉得疲惫不堪，来劝降的人也似乎越来越有说服力，让赵成侯的抵抗决心一日不如一日。赵成侯一天一天地盼望着齐军到来，将魏军杀的片甲不留、落荒而逃，救他脱离苦海。这天，忽然一个军卒来报，齐军南下了！

"啊？南下！那岂不是离他邯郸越来越远么？"赵成侯的心里一阵剧痛。没想到齐威王如此软弱，还没和魏军正面交锋就吓得跑到了南方，弃邯郸而不顾了，这还是一代强国的作为么？赵成侯痛苦之极，难道赵国真要灭亡在我的手中么？我可怎么对得起列祖列宗啊！

又过了几日，又有探子来报："齐国军队正准备攻打魏国平陵!"

赵成侯和几个大臣连忙翻出地图来看。一个大臣指着魏、齐、卫、鲁交界处说:"这就是平陵,是魏国南部地区的战略要地。齐军攻打平陵,目的何在呢?"

赵成侯说:"齐军舍我赵都邯郸不管,而去攻打平陵。平陵是魏边邑的富裕城邑,如若攻下,齐国所获物资一定不会少。"

那位大臣却说:"齐虽拥兵众多,但攻破平陵也将如魏军攻我邯郸一样,得不偿失。"

赵成侯想不明白魏边境一个小城怎么能与赵国国都相比。

大臣说:"大王细看,这平陵虽为魏国边城,但它的南面有宋国,北面有卫国,途中有市丘(今山东省定陶县境内)。平陵、市丘原属卫国,现在均被魏军强占。平陵城池虽小,但却是魏军的重镇,魏军不会轻易放手。再者,齐军深入异国作战,又处于魏军在市丘断其后路的境地上,这样,齐军的粮草必然供应不上,齐军必然因军需物资匮乏定不能获得胜利。最终只能草草收兵。早撤而失败小,晚撤,一旦处于魏边邑众兵包围之中,齐军恐怕就难逃全军覆没的命运了。"

赵成侯听罢,几乎跌坐在椅子上。他渴望已久的解救赵国、解救赵都的齐军,非但解救不了赵国,而且也要全军覆灭了。难道赵国只有投降魏军这一条路可走了吗?

庞涓听说齐军南下,心里非常得意。他认为齐军胆怯,不敢来邯郸与他魏军交战,因此,急忙撤回茬丘的军队,支援攻打邯郸。

齐军沿黄河东岸南下,绵延浩荡十数里,所经之地,尘土蔽日,战马嘶鸣。卫国百姓听说齐国大军征讨魏军,都争先站在高坡路口迎望，也有的拿出开水、鸡蛋、干粮等物品慰问齐军。齐国的军队纪律十分严明，车马不踩踏老百姓的庄稼，军吏士兵均不得擅自离队进村。田忌对下属还特别要求：不许议论军队作战有关问题。当时各国关系复杂，谁也不知道路边村口的人群中究竟有多少魏军密探，一旦探得齐国的军事机密对齐国及友邻都将是惨重的损失。

　　然而齐军沿黄河南下，出了卫国边境就是魏国的东阳地区。齐军奔东阳而来，大路上的滚滚烟尘就已经告诉敌人。因此，齐军还远远未达魏境时，魏东阳地区大小数十座城邑的守军便都做好了迎战齐军的准备。他们紧闭城门，四处派官吏与其他城邑保持联络，密探仍不时地报告齐军与魏境的距离。他们严阵以待，张开天罗地网，只等齐军投入这张巨大结实的网中。

　　这天，队伍来到了卫国与齐国相交的鄄邑。这是孙膑曾经出生的地方。他就是从这里走出来，为了不再受欺凌，为了阻止不义的战争，去拜师学艺，希望能建功立业，却不想被最亲近的人所害。思及在魏国受辱时日夜思念家乡，孙膑不觉留下了热泪。

　　田忌见孙膑如此伤心，便劝慰他："军师，这里离您的家乡很近，要不要回去看看？"

　　孙膑说："多谢将军关心。我不能这么做，如果因为我是军师就带头破坏纪律，那又如何管理士兵？我们这段时间的努力不就白费了么？当年大禹治水三过家门而不入，我更应该向先贤多多学习才是。"

　　田忌感动地说："军师如此遵守军纪，我齐军伐魏定能全胜而归！"

　　孙膑脸上露出必胜的笑容，说："将军说得对，我齐军伐魏必胜!"

齐军在鄄邑一带安营扎寨,休息、训练,以迎接大战。孙膑和田忌等人坐在帅帐之中商讨用兵之事。

田忌问孙膑:"下一步,我军要如何攻取平陵呢?"

孙膑没有直接回答田忌,却问:"咱们的都大夫(城邑主官,战时统兵打仗)中谁不懂得打仗?"

田忌说:"不懂用兵的要数高唐和齐城两位大夫了。"

孙膑说:"请将军速派两位大夫各引自己的兵马分两路攻打平陵。"

齐城、高唐两位大夫接受了田忌将军下达的攻打平陵任务后,齐城大夫坐上战车,喝马欲回自己军寨,高唐大夫叫住了他:"齐城大夫好威风啊!"

齐城大夫在马车上欠了欠身子,说:"高唐大夫,我是自豪啊!伐魏之战首战就由你我统率人马攻城夺邑,这是多大的荣耀!"

高唐大夫问他:"你有必胜的把握吗?"

齐城大夫说:"有!我以正义讨伐不义,我军以八万大军迎敌几座城邑,必胜不败!"

高唐大夫说:"我虽有正义却不懂攻城夺邑,我军虽有八万却只派你我两支弱军迎敌,你我真能打赢这场仗吗?"

齐城大夫说:"你说得也有道理,只是咱身为齐国官员,定要为国家献力献策。现在为救赵而伐不义,就是牺牲了,难道应当有怨言吗?"

高唐大夫脸腾地一下红了。他向齐城大夫深深鞠躬,说:"齐城大夫深明大义,我当以你为榜样,为国家利益肝脑涂地,万死不辞!"

两位都大夫拜别分手后就各自率领自己的兵马驱车逼向平陵。

平陵告急,魏国东阳地区一下子出动了七八座城邑的兵马前来营救。

齐城、高唐两位大夫率领的齐军还没赶到平陵就被魏东阳地区的军队打成几截。两大夫好不容易率领幸存人马逼近平陵城下,又遭到平陵城内军民的一阵阻击。齐军顽强攻击,经过几次冲锋,终于把出城的军队赶回城中。

于是齐城、高唐两位大夫开始组织攻城。

黄昏时分,齐国军队攻城的士兵如蚂蚁一样登上云梯,纷纷攀上平陵城墙。

眼看就要攻破了,谁知这时,从四面八方如潮水一般涌来的魏兵把云梯上下的齐军围个水泄不通。

齐城、高唐两位大夫镇定自若,指挥云梯上的士兵火速下梯,并指挥地面官兵奋力反击。

然而,齐军终因寡不敌众,惨遭失败。

平陵兵败的消息很快传到了临淄,威王听了大怒:"田忌这是怎么回事?不去救邯郸,偏偏去攻打平陵,难不成是老糊涂了?"

相国邹忌火上浇油地说:"大王,田忌违抗君令,不打邯郸打平陵,我看他是拥兵自重!那个孙膑也只怕是个纸上谈兵的高手,如果真的那么厉害又怎么会让人家把双腿膑掉,恐怕早就在魏国任军师了,又怎么会跑到我齐国来?"

威王看了邹忌一眼,并未言语,只是一脸怒气。

大臣淳于髡急忙打圆场:"大王息怒,臣以为田忌老将军久经沙场，且为人忠心耿耿，何况还有军师孙膑在旁辅佐，这样打法也许有其特殊考虑，所谓兵不厌诈，我们再等等看，或许不久就会有捷报传来。"

威王说："现在也只好如此。但愿如你所说，否则我决不轻饶他们。"

田忌听到兵败的消息，有些坐不住，对孙膑说："军师，我征战沙场这么多年，还从未败得这么惨。虽说是计策，还是很心疼啊。"

孙膑劝解说："将军，不要悲伤，所谓'将欲取之，必先予之'。现在的小损失就是为了以后的大胜利，平陵失败，庞涓就不会率军南下，也能让他真正相信齐军'不知事'，从而放心北攻邯郸。将军是否还记得赛马的事儿？"

"当然记得。"田忌见孙膑突然提到赛马，不知何故，静等着孙膑的下文。

"今天我军以平陵之败换取最后的胜利，就好比先用下等马输给大王的上等马一样。魏强齐弱，不这样不足以引诱庞涓骄其气，泄其志。"

"军师的妙计我定会言听计从，等到和魏军刀兵相见那天，我一定要多杀几个敌人为死去的将士报仇！"

魏军由于援军的加入，攻城取得了很大进展，庞涓得意之时，接到军卒的汇报："齐军南下攻打平陵，被大梁军队阻击兵败而逃。"

"攻打平陵？"庞涓有点儿想不通这是什么打法，齐军不来邯郸解救赵国却跑去攻打和邯郸千里之隔的平陵。庞涓沉默半响，忽然哈哈大笑："田忌呀田忌，亏你还是久经沙场的老将，居然用这种小伎俩来哄骗赵成侯和齐威王。你率领齐军不敢迎战我魏军，还要做出救援的样子，真是可笑。这种缩头乌龟不足为虑，等我拿下赵国就轮到你齐国了，哈哈哈！"

十七、围魏救赵

公元前353年，庞涓率魏军已包围邯郸快一年了，邯郸城外田野荒芜，鼠蛇当道，百里无民，十村九空。邯郸城里尸横路野，饿殍遍地，云愁雾惨，风雨如磐。赵成侯率邯郸军民正作最后的抵抗。庞涓也十分着急，最近以来，大梁方面频频传来对魏国不利的消息：西面秦军趁魏军攻打邯郸之机攻占魏国少梁（今陕西省韩城县南）；南面的楚军攻占了睢、濊地区（今湖北省沮水一带）；而齐、卫、宋联军继续围攻平陵，魏惠王急得焦头烂额，大梁已无兵可派。形势越来越严峻，庞涓不得不抓紧时间攻打邯郸。

此时的孙膑却异常安闲，平陵兵败后，齐军便一直按兵不动，将士们从主帅的脸上看不到任何焦虑、懊恼的神情，慢慢地也恢复了平静。田忌每日都到各军营巡视，安抚伤员，鼓励士兵，因此除了最初有几个士兵逃跑外，并没有其他事情发生。这几天，频频传来秦、楚分别从西面和南面进攻魏国的消息，孙膑听了脸上露出淡淡的喜悦，一切都如他预见的一样，他在静静等待最后一个好消息的来临。还有一个令孙膑兴奋的事，那就是他已经选好了一处绝好的伏击地点，这是此次能否一举击败魏军的关键。如今只等着最后一个发兵信号的来临，一场伟大的较量就要开始了。

一连几日，孙膑见了田忌就问："邯郸被攻破了吗？"

田忌说："听军师的话音，似乎希望邯郸被魏军攻破？"

孙膑说："正是。"

田忌问："为什么呢？"

孙膑说："邯郸守了一年，被攻破，说明邯郸城中的赵军力量拼得不能再抵抗魏军了，这不也同样说明魏军的力量也消耗得差不多，而不得不一鼓作气攻破城池吗？因此，我这几天，一直在等探马来报魏军攻破邯郸的消息。"

又过了十几天，终于有一匹快马飞进齐军营寨。邯郸城被攻破的消息传来了。

"好！"孙膑从座位上一下子站起来，对田忌说："围魏救赵的大好时机终于来了，请将军调集两万人马，要多设战旗、锣鼓，伪装成主力，佯攻大梁。一路上要大张旗鼓散发进攻大梁的消息。军容要整齐，要让大梁的军民看到我齐军是何等威武之师。"

田忌笑着说："军师此举是要迷惑敌人，以促使大梁立刻求救吧。这真是个绝妙之计，我这就安排。"

"等等，这次进攻任务很重，虽说是佯攻，但要假戏真做，不能被魏惠王看出破绽，因此要派得力干将领兵。到了大梁，要采取围攻方式，好似我八万大军都来攻城一样。大梁城外临济水，可假意做出绝济水灌城之举，给魏惠王施压，好令其速召庞涓回救。"

田忌马上集合各队将领前来议事，直到此时才将作案方针具体说明：当魏、赵两军疲惫于邯郸城下，秦、楚趁机出兵掠地，大梁兵力空虚之机，我军要摆出一副大举进攻大梁的姿态，迫使庞涓不得不弃邯郸回救大梁。此时我军主力趁其不备予以伏击。现在时机成熟，立即拔营起寨。

齐军的两万人马直驱大梁，田忌和孙膑则带领余下的六万兵马隐蔽前进，秘密挺进桂陵山。

此时的大梁城正沉浸在攻克邯郸的喜悦之中。魏惠王和众位大臣及大梁城中的百姓个个喜笑颜开，人人欢欣鼓舞。大梁城的大街小巷都是自发涌上街头的群众，他们挥舞着各色旗帜，敲锣打鼓，载歌载舞，欢声笑语彻夜不息。

魏惠王更是心花怒放，踌躇满志。他遥望不远的将来，他的眼前仿佛出现赵国连绵不断的山河都尽归了魏国，赵国的百姓都尽归了魏国，如山的粮食，成堆的金银珠宝，如云的美女、牛马猪羊……惠王心里像喝了蜜似的，不禁有些飘飘然起来。攻克邯郸的喜讯让他把秦、楚及齐、卫、宋联军给他带来的不愉快冲得一干二净。他巴望着早日登上邯郸城头，指着邯郸城的东西南北说："这都是我强魏的土地！"到那时，他要让不可一世的赵成侯跪在他面前求饶，要让他像当年越王勾践侍奉吴王夫差一样给他养马、端尿罐。

忽然有一天，一个兵卒惊慌失措地闯进魏王宫，探子报告的不是来自北边邯郸的新消息，而是来自东面齐军的动向——齐国大军攻打大梁来了！

魏惠王吃了一惊，不敢相信自己的耳朵，齐军竟敢攻打大梁？齐军该不是发疯了吧！

可是，不一会儿又有探马来报，说齐军已到达大梁城郊。

惠王狐疑，命人备车前往城西去看。站在西城门上，他看到浩浩荡荡的齐军高举着"齐"、"田"及各种颜色、图案的旗帜，急驰而来。大路上的烟尘遮天蔽日，十里八乡的老百姓如受惊的麻雀一般四方逃命。惠王心惊胆战地命令左右："快关城门，把各个城门关好！"

一座繁华热闹的大梁城，由于齐军的围攻，一夜之间变得死气沉沉。城外是密密麻麻的齐军旌旗营帐，城内也已戒严，往日的喧闹声已经被人心惶惶所取代。城墙的敌楼上一些魏军士兵正在瞭望，密切注视着齐军的动向。此时惊恐万状的魏惠王已登上了城墙。他是听说齐军准备决堤灌城才慌忙亲自前来视察的。他向北望去，只见齐军壁垒相连，旌旗招展，最令他惶恐不安的是果然有许多民工汇集在济河大堤上。此时魏惠王突然想起 16 年前的浊泽之战，不由得两眼发黑，两腿发软，差一点儿摔倒，幸得左右侍者及时搀扶，他才终究站立着，呆呆地看着远方，思想却依然在回忆那场决定他一生命运的浊泽之战。他感到，今天的形势更甚于当年。大梁城中的精兵都去攻打赵都邯郸了，在城里的士兵除了老弱就是病残，加上南方与楚国作战，西方与秦国作战，东方与三国作战，根本无法调集兵马来保卫大梁，驱逐齐军。

魏惠王想到此立即传令："命令庞涓放弃邯郸，速回大梁相救！"

邯郸城内，庞涓及其军队耀武扬威地行使着胜利者的权力。魏军一开进邯郸城，便烧杀抢掠，无恶不作。庞涓正在得意时，大梁的信使带来了魏惠王的诏令。庞涓手握魏惠王的亲笔诏书，两眼放出凶光，要不是惠王亲笔书信在眼前，他怎么也不能相信齐国军队敢围攻大梁！齐国军队一向懦弱，曾多次败于赵、魏、韩三国联军阵前，曾经连小小的鲁国也曾打败过它。而且，齐军将领根本不懂军事规律。这次，齐军竟单枪匹马进攻大梁，这不能不令人气愤！假如齐军是一支强大的军队，齐国是一个强国，那么都城大梁遭强军围困还能与人说起，而眼前的形势是一支弱小的军队围攻一个强国的都城，世人知道了都会耻笑魏国军队的。庞涓看完魏王的诏书，知道惠王也有这种想法，就想立即领兵回师大梁。可眼下邯郸城里时常有赵国军队袭扰，魏军官兵白天不敢单独行动，夜晚不敢走出营房，真有些草木皆兵的味道。此时撤离邯郸城，势必前功尽弃；不撤就是抗王命，万一大梁真的被齐军攻破，那后果真是不堪设想。

庞涓手中紧紧攥着魏王的亲笔书信，气得咬牙切齿，恨得怒发冲冠。

惠王的谕旨十万火急，庞涓不敢怠慢。他留下一部分军队留守邯郸，亲自率领大军向大梁方向疾驰而去。

桂陵是一个寓险险于平常的丘陵地带，灌木葱茏，古树阴森。连绵数十里的高陵和低谷相错复杂。当齐军开进桂陵山时，田忌连说了好几个"妙"。俯瞰桂陵山，只见高陵和低谷均为西南东北走向，高岗之下是一条如带的低洼谷地，长约十里，蜿蜒曲折，车马不能并行。行人置身其间，恍如梦境。如果齐军埋伏于高岗两侧，等魏军误入低谷，这桂陵山就是一条巨大的布袋，将魏军围困在其中。多么有利的地形呵！田忌乐得不知该如何表达自己的心情，快步走到孙膑车前说："呵！军师，直到现在，我才真正明白军师的指挥意图。从这一仗一开始，军师就稳操胜券了。军师先是摆出一副保卫帝丘（今河南省濮阳市）的架势，引魏军强渡大河与我作战，但魏军无意攻伐帝丘，因此也就不理会我军，相反，还认为我军不懂战争策略，于是继续攻打邯郸；紧接着军师调齐军南下，派两个无作战经验的大夫率军攻打平陵，我主力却按兵不动，养精蓄锐。攻打平陵我军自然失败，这却给魏军一个更有力的把柄：即我军连基本的作战常识也不懂。可就是这样的一支军队竟在魏军攻打邯郸拼得筋疲力尽，秦、楚两国又攻占魏不少土地之后，一鼓作气驱车逼近大梁。魏军回救时，定然不会想到我们会在这里埋伏静候。"

"将军分析的极是，我们只需在此做好准备，静候庞涓大军的到来。"

孙膑命令士兵隐蔽在桂陵山一带的深谷两侧，前面放置檑木滚石，后面放置用木或金属制成的有刺的障碍物，以阻碍敌人行进。这种障碍物因其形状与蒺藜的果实相似，所以叫蒺藜。在蒺藜的后面放置弩弓，弩弓是一种用机械力量发箭的弓，始创于战国初期，威力很大，射程可达六百步之外。弩弓边又安置好持戈、矛等长柄兵器的部队准备冲锋。还调动持刀、剑等短柄武器的部队埋伏好准备阻断敌人退路。一切准备妥当后，田忌、孙膑张开口袋，静静地等待着庞涓的到来。

这一天的正午时分，齐军伏卧于高陵后面，静待魏军的到来。不一会，有探子来报：魏国大军已进谷口。话音未落，站在桂陵山上就能够看见来自西南方向的马蹄和战车扬起的沙尘遮没了半个天空，且飞速地向深谷腹地卷来。齐军接到迎战命令，个个摩拳擦掌、剑拔弩张，信心百倍地准备痛击魏军。

不多时，庞涓军队进入谷地。庞涓环顾四周，顿感一股寒气袭来，忙问手下将士："这条谷地有多长？"

"十里左右。"

"仔细侦查了没有？"

"回将军，已仔细侦查过，没有发现异常情况。"

庞涓骑在马上抬头看了看两边的山峦，又低头看看这曲曲弯弯的山间小道。他勒马而立，侧耳静听，除了人马车辆的行进声之外，空谷中还有鸟鸣蛙噪。突然，他放声大笑，笑声传遍了山谷，山谷回应着他的笑声。正在行进的将士都惊讶地看着他。

"将军为何发笑？"副官问道。

庞涓大笑不止，直笑得涕泪横流，"我笑齐将愚蠢呆傻、不知兵要，如果在此部署重兵，我军插翅难逃，他又何须攻打大梁，冒着受我军夹击的危险。简直愚蠢至极、愚蠢至极！"笑声未落，忽听山顶鼓声骤起，犹如天空滚过一阵惊雷。正当魏军惊疑之际，山谷两侧檑木滚石像冰雹一样袭来，弩箭如飞蝗，杀声震天。

庞涓勒住马缰大叫"撤退！"可是，来不及了。深谷的南北高陵之上，齐军里三层外三层已将魏军围个结实，只见各色战旗遮住了半个天空，锣鼓声声震彻天宇，齐军呐喊之声在谷底高岗间回荡，庞涓至此怎么也没想明白：齐军从哪里来的如此胆略和智慧，竟把他引进了死地。他痛恨自己没有明察秋毫，轻易就上了齐军的大当。他真是欲哭无泪，欲死不甘，欲生不能。

魏军突遭伏击，死的死，伤的伤，人马践踏，鬼哭狼嚎，阵形大乱，纷纷夺路逃命。

山上擂鼓之声一阵紧似一阵，喊杀声愈加响亮，埋伏已久的齐军像出山的猛虎，挥舞着兵器，对魏军大开杀戒。

齐军虽是出国境作战，但许多天来一直屯兵未动，养精蓄锐，就待今天杀敌立功这一刻的到来。因此，个个精神抖擞，人人踊跃向前。齐军像出山的猛虎，挥舞着寒光闪闪的兵器，冲下山去对魏军大开杀戒。魏军围攻邯郸一年多，已个个疲乏劳累，且身上或轻或重的病伤未痊者甚多。才夺邯郸，又连夜兼程赶往大梁，魏军官兵疲劳过度，又陷入桂陵谷地被齐军十面埋伏包围，此时人人早已肝胆俱破，双腿发寒，勉强应战，不一刻魏军便倒下一大片。

庞涓夹紧马肚，想指挥军队与高岗之上的齐国军队展开搏斗，却见齐军中军阵前除一面大书的"田"字大旗外，又打出一方旗，上面大书一个"孙"字。

庞涓如雷轰顶，如火灌目，"孙"难道是孙膑吗？他瞪眼仔细再看，果然见大旗后面推出一辆战车，孙膑正襟危坐在车中。

"果然是孙疯子，你到底逃去了齐国，我痛悔在大梁没有杀了你！"庞涓凶相毕露，咬牙切齿，恨不能爬上山陵把孙膑撕个粉碎。

孙膑坦然地大笑了两声，说："庞涓奸贼，当初我太年轻、太心善才上了你的当，不过倒给后人留下一个警惕奸人的例证。今天，你的末日到了。你若投降，我免你不死；你若顽抗，你逃得出我这重重包围吗？"

庞涓气得在马上乱喊："给我打！给我杀！给我冲啊！"正在这时，他的坐骑被弩箭射中，前蹄悬空，仰天嘶鸣，庞涓被摔下马来。

此次桂陵之战，齐军大胜，不仅俘获魏军主将庞涓，而且除少数逃跑的兵士外，几乎将魏军全歼于桂陵山谷之中。

十八、释放庞涓

桂陵大捷的消息很快传到了临淄。齐国很多年没有打过这样大的胜仗了，这次突然取得重创魏军、活捉庞涓的巨大胜利，齐国军民都觉得扬眉吐气，举国上下欢欣不已。人们笑逐颜开地谈论着这一激动人心的胜利，能歌善舞的百姓情不自禁地唱起歌跳起舞来，人们长期以来被败仗压抑的情绪像打开闸门的潮水一样，倾泻而出，尽情地欢歌起舞。

齐王宫里，威王被桂陵大捷的消息惊得半天合不拢嘴。他吩咐左右："快备宴，我要用国宴迎接凯旋的田将军、孙军师！"

田忌、孙膑率领齐军浩浩荡荡开进临淄城郊的时候，齐威王亲率满朝文武到郊外恭候迎接。终于能够看到前军的七彩战旗了，成千上万的临淄老百姓敲锣打鼓、欢歌笑语、递茶送食，从几十里外把齐军迎进了临淄城。

在威王亲自主持的国宴上，威王把盏频频向田、孙二人敬酒。他神采飞扬、红光满面，对田、孙此次统军救赵攻魏给予了无以复加的高度评价。他几次重申：这次桂陵之战能够取得如此重大的胜利，全凭孙、田的智慧和胆略。

魏国一直强于其他大国，更强于齐国。齐军能够赢得这场战役，不能不说孙、田二人功盖千秋。自从赵、魏、韩三家分晋以来，齐国在与魏国的战争中还没有赢过。这一次把强魏打得落花流水，真叫齐威王扬眉吐气，叫全齐国的人民扬眉吐气！

齐威王高兴得连饮数十杯酒，且谈兴不减。威王举杯向着田、孙二人说："今日我国大获全胜，替天行道，伸张正义，大败魏军，全仗田将军带兵有方，孙军师计谋高妙，我齐国将士奋勇杀敌。今天，本王要代表齐国，代表齐国百姓感谢杀敌立功的全体将士！"说完，将杯中美酒一饮而尽。

田、孙二人赶忙下跪说道："为大王效力，执干戈卫社稷，是臣等的职责所在。大王对臣等恩宠有加，臣等愿为大王和百姓肝脑涂地，万死不辞！"

齐威王高兴地哈哈大笑。

齐国相邹忌与大将军田忌久来不和。桂陵一仗，田忌、孙膑大胜回国，齐威王喜悦无比，宠幸有加，邹忌心中唯恐田忌夺去国相之位，于是，日日不安，夜夜不宁。本希望这次与魏军作战被打得大败，威王对田、孙二人问罪，却不想孙膑智慧过人，庞涓远远不及，田、孙二人建功凯旋，使魏国不得不收敛其在中原的称霸野心，这于齐国当然是好事，但于他齐相邹忌却未必是吉兆。

田忌、孙膑的日渐得宠，势必使威王忘却他邹忌鼓琴而谏以振兴国家的功劳，一旦失宠，别说国相，恐怕老命也难保。邹忌想起上次自己出行，因为车队庞大招摇过市恰好被齐威王看到，威王将自己叫去，狠狠数落了一通。要不是自己举荐贤才有功，恐怕国相之位早已不保。邹忌决不甘心失去到手的荣华富贵。

邹忌看着齐威王眉开眼笑，眼里、口里尽是田忌、孙膑二人，早已按捺不住心中的嫉妒。看到这二人又跪地表忠心，威王愈加高兴，更觉得他们是在卖乖邀宠，忍不住在一旁不冷不热地说："田将军自然是战功显赫，不过圣人一贯反对穷兵黩武。战事频繁则民不安生，民不安生则家不富、商不兴、国不强，这不是我齐国治国的根本。"

田忌听出邹忌话中用意不善，站起来对邹忌说："难道敌人来犯，我们还要束手待毙不成？我齐军八万将士英勇奋战、流血牺牲才换来今天的胜利，国相却在此说风凉话，亏你还贵为国相！"

田忌此语正触到邹忌痛处，邹忌气急败坏，恨恨地说："将军自然希望战事纷繁，好立功得赏。"

田忌见邹忌别有用心把话岔开，暗暗压住心中怒火，针锋相对地说："国相所谓的穷兵黩武指的是这次救赵击魏的桂陵之战吗？连桂陵之战这样的正义战争都被国相划进穷兵黩武之中，不知道国相胸中还有什么战争是正义的战争？如果按照国相的意思，我们只有坐等魏国全部占有赵国土地而不管不顾才是正义的话，那么齐国又用什么手段来抵挡魏国向齐国的进攻呢？"田忌转而面向齐威王说："大王，臣下认为，军师提出的富国强兵的策略才符合齐国的国情，国富兵强则自立，则他国不敢来犯，则能够战胜一切敢于来犯之敌。"

齐威王觉得田忌的话很有道理，当时便授予田忌全部兵权，命其加强军队建设，操练兵马，巩固边防。

邹忌面对田忌的一番义正词严，不知做何应答。邹忌本想奚落、羞辱田忌，却被田忌一番道理噎住，使田忌更得威王宠幸，原来的兵权丝毫未减，又掌握了新的大权。邹忌在心里把田忌、孙膑恨得咬牙切齿。

这天，田忌来到孙膑的府第，闲谈中对孙膑说："我准备向威王献策，不日之内即将庞涓斩首示众，以泄民愤，以振国威！同时也为军师报仇雪耻！"

孙膑低头沉思片刻，说："多谢将军护佑孙膑，不过将军真要奏献此策？"

"是啊，我已考虑许久了。其实，大王和大臣都知道庞涓当年陷害军师的事。现在好了，苍天有眼，公仇私恨，一齐了断。这真是善有善报，恶有恶报。"

"将军，庞涓不能杀！"孙膑语气肯定地说。

"这是为何？"田忌瞪大了眼睛。

"杀俘不祥。"

田忌沉默了一下，改口说道："不杀也好，关他一辈子，让他比死更难受。"

"我以为既不要杀，也不要关，而是放。"孙膑用坚定的眼神看着田忌。

"释放庞涓？我看上上下下，谁也不会同意。不过，我不明白，军师为什么要释放庞涓呢？"

"将军啊，若依我个人私情，庞涓人面兽心，把我害到这般地步，我就是食其肉，寝其皮，也难消心头之恨。但是，个人的私仇事小，国家的安危事大。"

"杀一个庞涓怎会关系国家安危？"

"杀庞涓、关庞涓，固然与国家安危关系不大。但如果以他为筹码做一点文章，就会对我齐国大有益处啊。"

"什么文章，还有这样大的妙处？"

"我想，为了进一步巩固齐赵联盟，由我齐国出面，主动向魏国提出：我们释放魏军的俘虏，魏国将邯郸归还赵国。不知将军意下如何？"

田忌听了孙膑的献策，脸上露出了笑容，高兴地说："又是一条妙计，大王一定会同意的。看来智谋高超的人，心胸更是博大。军师真不愧是坦荡君子。"

"将军过奖了。想来，此事还须禀报大王。"

"当然，当然。我这就去向大王禀报。"

威王得知孙膑主张释放庞涓和战俘，以换取魏国将邯郸归还赵国，于是决定召见孙膑。

"本王听说军师主张释放庞涓，以换取魏国归还邯郸，是这样的吗？"

"是的。"孙膑肯定地回答。

"对庞涓不杀、不关也不处以刑罚，是这样的吗？"

"是的。"

威王沉默了一会，又说道："本王猜想，军师是不是考虑让庞涓回国之后由惠王去处死他？"

"不是。"孙膑挪动了一下身体，开口说道，"大王，据臣判断，尽管庞涓兵败被俘，回国之后，按律当斩。但是，惠王是不会处死他的，甚至也不会对他施以刑罚。"

"魏国的《法经》天下闻名，惠王又严于执法，何以见得庞涓能逃此厄运？"

孙膑正了正衣冠，从容而谈："自从吴起、尉缭之后，魏国在军事指挥方面，人才匮乏。在今天的魏国，要找一个在军事上超过庞涓的人是很困难的。而这一点，惠王比我们都清楚得多。

所以，当此魏国用人之际，臣以为惠王不得不重用庞涓，以求重振旗鼓。"

"天下良将多矣，哪里就少他一个？"

"诚然，天下将才是不少。比如秦国的公孙鞅(商鞅)，文韬武略，无人能够与之比肩。可是，良禽择木而栖，良将择主而仕。真正的将才，谁又会去投靠四战之地的魏国呢？"

威王听了，表示首肯，但又问道："庞涓毕竟是个人才，如果此人回国之后，惠王仍然重用他，这岂不是放虎归山，后患无穷？"

"大王！"孙膑提高了声音说道："齐魏之争，现在才刚刚开始。桂陵之役，我军虽然获胜，但这只是小胜。对于魏国来说，还远远没有伤筋动骨。据臣判断，只要待魏国稍稍恢复元气，就一定会同我国展开决战，以雪桂陵之耻，争夺东方霸权。因此，从长计议，与其让别人取代庞涓为将，倒不如将计就计，诱使惠王继续任用庞涓为将，以便赢得下一场战争，彻底打败魏国，重新再现我齐国昔日的声威。"

"高论，高论！就依军师之意，放庞涓，换邯郸。整军备战，以待魏军。"

十九、山雨欲来

　　桂陵之战之后，齐魏两国形势均有所变化。齐军胜利，齐威王称王。第二年齐国乘着桂陵之战胜利的余威，联合宋、卫两个攻打魏国襄陵（今河南睢县西）。而魏国虽然遭受了一次严重打击，但它毕竟是经过魏文侯改革以后战国初期最强大的国家，它一直久霸中原，余威尚在。尤其魏惠王野心不减，他在桂陵大战后，吸取教训，一方面加紧与韩国修好，一方面重新征召训练军队，希望尽快扭转于己不利的政治及军事局面。这一招确实收到了实效。魏军联合韩国的军队，在襄陵击败了齐、宋、卫联军，使齐国感到现时齐国仍不是老牌强国魏国的对手，不得已与魏国讲和，将桂陵之战的俘虏归还魏国。

　　公元前 351 年，魏国将邯郸归还给赵国，并且与赵国在漳水之上结成同盟，魏国太子申到赵国做人质。接着，魏国又接连打了几个胜仗，西边的秦国借着商鞅变法的东风，趁着魏国无暇东顾的契机对魏国的西河之地日侵月夺。此刻的魏惠王通过艰苦卓绝的努力和灵活的外交政策又重新夺得中原霸主的位置。公元前350 年，魏国回头向秦国反攻，不但收复了失地，而且魏军团团将秦国的定阳（今陕西延安东）围住，使秦孝公寝不安席、食不甘味，马上和魏惠王在彤（今陕西华县西南）相会修好，表示服软，并将前些年辛苦攻下的西河之地还给魏国，魏国最终在西方也取得了胜利。

三晋的联合，使魏国处于较有利的地位。到目前为止，魏惠王是名副其实的中原霸主，齐、楚、秦三国敢怒不敢言，其余宋、卫、邹、鲁等小国看到魏国强大，又纷纷投靠魏国。经过十多年的发展，魏惠王为了充分显示其霸主地位，在公元前344年，魏惠王在逢泽（今河南开封市南）召集宋、卫、邹、鲁、陈、蔡等十二个诸侯国朝见周天子。秦国慑于魏国实力，也派了公子少师参加。这就是历史上有名的"逢泽之会"。魏惠王组织的这次会盟，其目的是谋图进攻西秦。秦孝公对此非常恐惧，他下令在所有城池的城堞（城上的矮墙）上都配备攻守的武器，在边境防线上还组织了敢死队，准备随时抵抗魏国的进攻。

这时公孙鞅对秦孝公献计说："眼下魏国的功业很大，并且号令通行天下，又联合十二个诸侯国朝见周天子，那赞成他们的一定很多。因此用一个秦国去抵抗强大的魏国，恐怕难以做到。大王为什么不派我去朝见魏王？如果让臣去，我一定能使魏国放弃图谋秦国。"秦孝公答应了他的请求。

公孙鞅与魏惠王颇有渊源。原来，公孙鞅出身于卫国的贵族，原名卫鞅。大约在公元前365年前后，年约25岁的公孙鞅来到了魏国，在魏国国相公叔痤手下当了一名中庶子（官名，战国时国君、太子、相国的侍从之臣）。公叔痤临终时曾向魏惠王建议，认为公孙鞅有才能，应当加以重用；如果不用，就杀掉他，不能让他跑到别的国家去。魏惠王不以为意。之后，公叔痤又对公孙鞅说：我已对大王说了，要么重用你，要么杀掉你，但大王没有同意。我是先君后臣，你赶快逃跑吧，否则会被处死。公孙鞅听后，却说："大王既然没有采纳您重用我的建议，又怎么会采纳您杀掉我的建议呢？"因而公孙鞅没有出走。直到公叔痤死了之后，公孙鞅才到秦国去。

公孙鞅到魏国拜见魏惠王说："俗话说，良鸟恋旧林，良臣怀故主。魏国是当今首强之国，我能以它作为我的第二故乡，乃平生最荣耀之事。"

魏惠王听了这话，非常高兴，说："我们一家人不说两家话，你有何计策直说好了。"

公孙鞅说："现在大王的功业大极了，号令可以遍行于天下，天下诸侯谁也不能与您比肩。不过要做到天下诸侯倾心服从，万民敬仰，还差重要的一步。如今大王"逢泽之会"所联合的十二个诸侯，不是宋国、卫国，就是邹国、鲁国、陈国、蔡国，这些本来就是大王用马鞭就能驱使的国家，它们的力量不足以使您称王天下。秦国只是偏安西陲的一个小国，不求闻达于诸侯，魏国攻打秦国就犹如以牛刀宰鸡，名不扬，威不显。大王不如向北争取燕国，向东讨伐齐国，这样赵国必定服从大王的命令，向西联合秦国，向南讨伐楚国，这样韩国必定服从大王的命令。大王有讨伐齐国、楚国的心，天下诸侯便会真心服从您，那么王业就可以实现了。依我看来，大王不如现在就准备天子的服制，然后再兴师图谋齐国、楚国。如果大王认为此计可行，我回到咸阳定劝说孝公支持您公开称王。"

魏惠王被公孙鞅的话说得晕头转向，竟不知天高地厚，果然亲自指挥扩建宫殿，裁制红色龙袍，树立天子龙旗，准备了天子进兵时使用的画有朱雀七星的大旗，乘坐夏车，自称"夏王"，僭然摆出一副天子的排场来。

于是，公孙鞅的计谋得以实现，使秦、魏之间的矛盾得到缓和，秦国赢得了在国内变法改革的较好环境。而魏国公开称王，与周天子称号等同，这样一来惠王便成为众矢之的，与齐、楚等大国的矛盾大大激化了。

由于魏惠王的倨傲鲜腆、恣行无忌，魏与大国间的战争在所难免。

自从魏惠王朝天子、称夏王，俨然摆出一副号令天下的中原盟主的姿态以来，韩国、赵国首先表示反对，齐国、楚国也大为愤怒。在东方列国中，齐国有桂陵之战重创魏军的辉煌战绩，因此，连楚宣王也自愧楚国不如齐国强大，因而派出使臣请齐国出兵伐魏；韩、赵等中小国家更是或公开或秘密地纷纷遣使赴齐，请齐国出兵伐魏。

齐威王想起：在魏惠王举行逢泽之会前夕，孙膑曾经求见。当时，孙膑对威王说："魏国自桂陵之战后，经过十年的休养生息，强兵备战，元气已经恢复，军力十分强大。逢泽之会是惠王称霸诸侯的信号，必将无事生非，挑起战端。而东方各国，齐国是众望所归，诸侯都会寄希望于齐国出面伸张正义，以战止战。"如今，孙膑的预言都变成了现实。威王佩服之余，更想听听孙膑对出兵伐魏的看法，于是召孙膑觐见。

威王说："军师，近来形势果如军师所言，魏国猖獗之极，现在列国使臣纷纷来请求本王出兵伐魏，军师意下如何？"

孙膑回答说："大王，出兵伐魏，需等待时机，现在怒而伐魏恐怕对我国不利。"

"军师请详述。"

"齐魏两国从地势来看，魏国无疑处于劣势。大梁无河山之险，如一坦露之腹，无衣甲护卫，攻守两难。魏国西有秦、韩，南临楚，北连赵，东面与我齐国毗连，四境无雄关重险，处于四分五裂的四战之地，形势十分不利。但魏国的武卒，一直以强悍著称，虽经桂陵之战的重创，但经过这十年的修整，仍堪称天下无敌。而我齐国有山河之险，长城之固，虽与魏国实力不相上下，但若以强碰强，并不能占到便宜。因此我们不应冲动出兵，而要等待有理有利的时机，一举打掉魏国的嚣张气焰。相信这个时机也不远了。"

威王听完孙膑的分析，沉思片刻，说："看来我想得太简单了，如果真的出兵伐魏，的确如军师所说，少有胜算。也好，那就让魏国再嚣张几天吧。"

果然如孙膑所料，出兵攻魏的时机很快到来。

逢泽之会后，魏惠王的野心更加膨胀。桂陵之战的耻辱一直是惠王心里的疙瘩，何况齐国的日益强大也是对魏国霸主地位的严重威胁。因此，魏惠王决定讨伐齐国，以雪当年桂陵之耻。

这天，魏惠王召庞涓觐见，商议此事。庞涓自被齐国放回后，对孙膑恨之入骨。魏惠王虽念在庞涓劳苦功高，并未对他治罪，仍拜他为大将军。但桂陵山前的耻辱他却怎么也抹不去。他将孙膑陷害成为废人，却没想到孙膑竟当上了齐国的军师，而且还坐在桂陵山的高岗上指挥军队，看着他成为瓮中之鳖的狼狈相！庞涓很后悔当初没有杀了孙膑。他发誓就是死也要报被俘之仇！

魏惠王想要伐齐，正中庞涓下怀，这十年庞涓日思夜想的就是再与孙膑较量一番。于是庞涓上奏惠王说："大王，自去年逢泽会盟，大王威望享誉中原，各诸侯国纷纷臣服。西面秦国主动与我们修好，北面赵国有了邯郸的教训也恭恭敬敬，只有东面和南面的齐、楚两国不服气。尤其是齐国凭借占据东方有利地势，一心与我国作对，它企图吞并我魏国而称霸中原的野心，世人早已看清。过去，我国忙于西面的战争，没有时间考虑东方之事，这几年太平许多，可齐国并不把我魏国忘却。我认为现在是讨伐齐国是时候了，只要我们认真研究，细心策划，凭着大王的军队和您在三军中的威望，咱们一定能够打败齐国，割他土地，占他城邑，一雪前耻！"

魏国太子申赞同说："将军说得极是，大举伐齐，不仅是要雪耻复仇，但更为重要的是，只有同齐国在战场上决一雌雄，才能真正奠定我国的霸主地位。父王，儿臣愿和庞将军一同出兵讨伐齐国！"

当年桂陵之战后两年，魏国与赵国漳水之盟，魏国被迫答应太子申去邯郸作人质。三年后，太子申从邯郸回到大梁。头几年，不断有人在魏惠王面前说他的坏话，太子申能从邯郸平安回来已是万幸。他知道只有建功立业，才能止住流言蜚语，才能保住太子之位。因此，当魏惠王提出要出兵伐齐时，他感到建功立业的机会来了，于是积极提出要统兵出战。

果然魏惠王满意地点了点头，又问庞涓说："如何伐齐，将军可有良策？"

庞涓一副胸有成竹的样子："关于进攻之策，我觉得须借道卫国，从大梁出师，从齐国南境阿、鄄方向进兵，直捣临淄，这是坦途，便于用兵。借道卫国，可以用其人力物力支援我军作战。只要稳扎稳打，必可重创齐军，不至再蹈桂陵覆辙。"

众人听了庞涓的出兵计划都很兴奋，不料，国相惠施却说：

"兵战之道，非臣所长。但自古用兵，计求万全。现在我们与周边各国关系不定，逢泽之会齐、楚、韩没有参加，若我们伐齐，楚国、韩国一旦乘虚而入，我们将腹背受敌。另外，阿、鄄方向是齐军的战略重地，有济水、长城作为屏障，还有重兵把守，我们长途奔袭人马劳顿，伐齐未必成功。"

"微臣认为，伐齐不如伐韩。韩国近在眼前，土地千里又在魏国的怀抱之中。调动军队远征夺利不如就地近割。况且韩国本是三晋之一。逢泽相会，齐国、楚国公然拒绝参加，他们倚仗自己险要的地势、优越的山川，倚仗自己是七大诸侯国之一而不把魏国放在眼里，倒也说得过去。可是，韩昭侯竟也公开反对相会，还跑去与齐国、楚国等大国聚会，扬言要共同讨伐魏国。韩国有许多过失握在我们手中，大王伐韩也是师出有名，别人说不出什么。"

庞涓自从被齐国放回后，事事谨小慎微，尤其在惠王面前，十分收敛。听了国相惠施的话，庞涓一改往日傲慢之气，而是十分谦逊的说："国相说的也有道理，伐齐确有诸多险阻，出兵伐韩不失为一变通之计，我军伐韩，韩国必然向齐国求救，齐国为了牵制我国，恐我灭韩而扩大领土，增强力量，必然出兵相救。到时我们再讨伐齐国，名正言顺。"

魏惠王点点头，说："齐军凭借壁垒亭障固守不出，我魏军根本奈何不了它。可一旦出师野战，齐军根本不是我军的对手。我军正好趁其救韩之际，将其歼灭。如此一来齐国迟早是我的囊中之物，只要控制了齐国，赵国、韩国便唾手可得，燕国也会拱手称臣，齐、赵、燕、韩都是我魏国的版图，秦、楚归属我也是迟早的事，哈哈哈哈，那时我将是中原唯一的霸主！从即日起，太子申为上将军，庞涓将军副之，辅佐上将军出兵伐韩！"

太子申看了一眼庞涓，激动得双颊泛起一阵红晕，"儿臣遵旨，请父王放心，儿臣定不辱使命。"

庞涓见状，忙跪地叩谢，说："请大王放心，此次出征微臣定会辅佐上将军一雪前耻，重振魏国雄威！"

二十、伐魏救韩

　　自从三家分晋，韩国成为战国时代七大诸侯国之一，其疆域为今山西省的东南部和河南省的中部，全境把周包围（周即周天子所在国，实际当时为一小诸侯，国都在今河南洛阳市），西与秦、魏交界，南与楚交界，东南与郑交界，东与宋、卫交界。国都最初在平阳（今山西省临汾市），公元前416年，韩武子迁都到宜阳（今河南省宜阳市），至韩景侯时迁都到阳翟（今河南省禹州县），公元前375年，韩灭了郑国，迁都到郑（今河南省新郑县）。

　　韩昭侯五年（前358），秦国在西山（今河南阳东、登封西、鲁山北）打败韩军。次年，宋国夺取了韩国的黄池（今河南省封丘县）。魏国夺取了朱邑。韩昭侯十年（前353），韩军征讨周国，攻占了陵观、邢丘（今河南孟津县、温县）。公元前351年，韩昭侯任用申不害为国相。申不害原是郑国的卑贱小臣，后来学习黄帝、老子著作和法家刑名学问，向韩昭侯游说求用。韩昭侯便用他为国相，对内整顿政治，对外应付诸侯，韩国逐渐强大起来。

　　有一次，韩昭侯要去朝见魏惠王，申不害建议他以对待天子的礼仪去朝见，说："我们手拿宝玉去朝拜魏国，魏王一定会对韩国志得意满，必定会向天下诸侯用兵消耗魏国的国力，这样魏国就衰败了。天下诸侯厌恶魏国必然侍奉韩国，这样我们虽在一人之下低头，却可高居万人之上。想削弱魏国军队，使韩国的权势得到重视，没有什么比朝见魏国更有效了。"昭侯听取了申不害的意见，这样做了，果然这件事使魏国在周围几个大国中引起强烈不满。

到了公元前 344 年，魏国惠王更加不可一世，听从了公孙鞅的话，居然以天子自称，用胁迫手段威胁十几个小国逢泽相会，当然，魏惠王是打着恢复周天子的牌子而"会"诸侯的。韩昭侯犹豫不决，不知该不该去，去吧，他从心眼里讨厌魏惠王这一举动；不去吧，又怕惹来祸患。这时韩国一位名叫房喜的大臣说："不要听他们的。大国都厌恶天子的存在，只有小国才认为天子的存在对自己有利。大王和其他大国不听从他们，魏国又怎能与一些小国家复立天子的权威呢？"于是，韩昭侯派人去齐国，与齐、楚等大国商量共同讨魏的大事。

魏惠王的逢泽相会其目的在于"挟天子以令诸侯"。可是，因为几个大国的反对和拒绝参加而没有达到根本目的。这几个大国中就有韩国。因此，当魏发动战争举兵进攻韩国时，起初韩国有点猝不及防。韩昭侯心里明白：魏王是冲他不参加逢泽之会来的，可他不明白的是，拒绝会盟的远非韩国一国，可为什么魏国单单要伐他韩国呢？韩国在七大国中也并非弱国。不及多想，韩昭侯指挥全国上下积极备战，并组织兵力抵抗、反击。

魏军在梁、赫（均在今河南汝阳市西南）等地连败韩军后，韩国急派使臣前往东方向齐国求救。

齐威王接到韩国使者的求救请求，旋即召集大臣商议此事。关于魏军攻韩，韩国求救，齐国究竟救与不救的问题，这次又是田忌主张出兵救韩，邹忌反对出兵救韩，双方针尖对麦芒，各不相让。

"大王，臣之所以反对出兵救韩，理由有三。"邹忌的声调是那样平缓，使人感到他是那么的心平气和，"第一、韩都坚固高大，兵精粮足，可以坚守；第二、韩国军队装备精良，披坚甲，负弓弩，带利剑，世称'一人当百'；第三、韩国兵器，天下无双，号称'陆断马牛，水击鹄雁，当敌则斩坚甲铁幕'。总之，臣认为魏国无意灭韩，也无力灭韩。魏军攻韩不过是为了对韩昭侯没有出席逢泽之会的一次报复。魏军只要打一两次胜仗，出出怨气，战事就会停息。因此，我们无须出兵救韩。"

"凡事预则立，不预则废。"田忌并不正面反驳邹忌，"如果事态的发展，正像国相所料的那样，魏军无意灭韩，很快收兵，那当然天下太平，我等又何必庸人自扰？但是，必须看到，上次魏军能够攻下邯郸，这次魏军又为什么不可能攻破韩都？上次我国出兵救赵，楚国也出兵声援，魏军尚且可以攻拔邯郸，这次如果我齐国不出兵相救，韩都郑城不是会更快的陷落吗？赵军强于韩军，尚且守不住邯郸，那么，又有什么理由担保韩军守得住都城呢？"

田忌的分析，有理有据，十分令人信服，威王听了频频点头。田忌接着又说道："韩国是我们的盟国。韩国的存在，就使魏国攻我有后顾之忧。如果魏国一旦灭韩，下一个目标不是赵国就是我齐国。我想以唇亡齿寒喻之，不会为过吧？"

"将军，"邹忌对着田忌说道，"大言欺人是没有用的。魏强齐弱，这是不争的事实。如果出兵救韩，必将引火烧身，这种火中取栗的蠢事，万万不可为啊！"

威王看到邹忌一副忧国忧民的神情，颇有道理的分析，也不断地点头，一时间拿不定主意。

　　"天下万事万物并非都是决然相对，非此即彼，也有亦此亦彼的第三种情形，故而也就可以采取第三种方法。"孙膑显然要作先虚后实之论。

　　"第三种方法？军师请讲。"正愁拿不定主意的威王听到还有第三种方法，很有兴致，急忙问道。

　　"臣以为，不救韩，不是善策；早救韩也不是善策。大王可秘密接见韩国使臣，暗中答应出兵相救，韩国知道我们能出兵救它，就会竭力抗击魏军进攻，而魏军遭到韩军的顽强抵抗，也必定会全力攻打韩军。这样一来，韩国面临兵败国亡的危险，就会一心一意地依赖我们，而魏国经过与韩国的激烈拼杀，人力和物力都会大大消耗。大约在年余之后，待韩国危亡之际，魏军疲惫之时我们再公开出兵攻击疲惫不堪的魏国，挽救危难之中的韩国，这样既可得到列国的尊名，又可收到韩国的重利，名利双收，一举两得，这不是比前两种方法更好么？"

　　"好一个得尊名，收重利的上策！"威王高兴地说。

　　"大王，臣以为早救虽非善策，迟救也难有胜算。"邹忌对孙膑之计，急切地提出质疑。

　　"何以见得？"威王问道。

　　"韩在魏之西，我在魏之东，请问军师，如何相救？"邹忌对着孙膑说道。

　　田忌未等孙膑开口，抢先说道："桂陵之战批亢捣虚，围魏救赵的打法就很好嘛！"

　　邹忌发出一声冷笑："将军，我不通晓兵法，但是按照常理，故伎重演，未必是智者之谋。"

"国相言之有理，救韩与救赵不同，作战方略也必须有所不同。本王也曾反复考虑，我军要同魏军摆开阵势厮杀，确实不是它的对手。"威王被邹忌的一番话所提醒，对于救韩问题又有些动摇，脸上不免露出犹豫退缩的神情，用目光瞟了孙膑一眼，那眼神似乎是暗示孙膑：你那个上策也有问题。

"诚如大王所言，国相言之有理。"孙膑开口说道，"兵家讲究'战胜不复'，战法必须变化，因此救韩之法自然不应雷同于救赵之法。现在，姑且不说什么是救韩之法。但是，大王啊！趁魏韩交恶，出兵救韩，乃是千载难逢的机会啊！"

"啊?!"威王一惊。

"臣以为，如何救韩是小术问题，出兵救韩是大略问题。大略策定之后，小术自可迎刃而解。"孙膑语调温和，但言辞剀切。

"这个道理，本王倒要听一听。"

"齐国和魏国迟早要打一场恶仗，分出个雌雄来。因此，救韩之举，有真假之分。"

孙膑出语不凡，威王很感兴趣，忙说："军师请细言其详。"

"假救是亡韩害齐，真救是存韩利齐。"

"何谓假救?"

"假救不过是在齐魏边境，观兵耀武，虚张声势。但是，这不但救不了韩，恰恰相反，还会导致韩国国破军败，魏国更加强大，这样一来，齐国就将面临更大的威胁。"

"军师所言极是，不能假救，不能假救!"威王做出了肯定的回答，"那么何谓真救?"

"臣以为此次魏军攻韩不同于上次魏军攻赵。上次魏军攻赵，志在攻拔邯郸；而此次魏军攻韩，其志却在歼我齐军，不过是声西击东，诱我出兵，歼我于疆场。"

孙膑这一判断，威王一听，倒抽了一口冷气，嘴唇嗫嚅了一下，却又不知说什么好。

"臣绝非危言耸听。"孙膑接着说道，"魏惠王自迁都大梁以来，一直把我齐国视为主要对手，必欲灭之而后快。桂陵之战，魏军虽然败北，但未伤元气。这些年来打了几场胜仗，甚至公然称王。这也就是说，齐魏在列国诸侯中地位的高低如何，只有一个评判的办法。"

"什么办法?"威王问道。

"决战！一场不可避免的生死攸关的决战。"孙膑断然说道。

威王默然不语，他心里很清楚，魏强齐弱，恐怕举行决战，连三成胜利的把握也没有。

邹忌见威王没有肯定孙膑的决战之议，于是趁机开口说道："大略也好，小术也罢，拿齐国的命运做赌注，要同魏军决战沙场，这种拼命之策也称得上是上策，是良策，是善策吗?"

孙膑被邹忌问得哑口无言。田忌见此情形，嘴巴嗫嚅了一下，但也无反唇之词，只能气鼓鼓地对着邹忌瞪眼睛。

孙膑静心一想：邹忌的话不无道理，兵凶战危，自己拿不出胜敌良策，岂可以国家命运做赌注？他进而想，邹忌毕竟是国相，国相有他国相的度量，关心国之安危，民之生死，军之胜败彼此都是一致的，也不可以以小人之心度君子之腹。所谓进不求名，退不避罪。看来大略小术都不可偏废，自己所言大略策定之后，小术自可迎刃而解的确是失言了。

"大王，"孙膑镇定下来，"容臣三日之后，再奏救韩胜魏之术。"

"好。本王相信三日之后军师一定能够献出妙计来。"威王打了个圆场，君臣各自散去。

邹忌回到府中，只觉胸中一口恶气未出。一直在等待良机除去孙、田的他，此时怎么甘心眼看着又一次立功封赏的机会降临在田、孙二人头上呢？他暗下决心：定要阻止威王作出派兵救韩的决定。

邹忌的门客公孙阅听说了朝堂上邹、田二人争执之事，便对邹忌说："国相此次失策了！"

邹忌不解："失策？让他们去救韩才失策！每战，孙膑必赢，回来后，我这国相恐就当不成了。"

公孙阅说："国相此为下策。我有上策不知国相是否愿意听？"

邹忌说："你快说吧！"

公孙阅说："国相应当赞成齐国出兵，如果田忌打胜了，这是您国相谋划的结果；如果打不胜，那是田忌畏缩不前，交战而不敢拼命，不勇往直前，遭受挫败的结果，到时即使不战死沙场，也会被国法诛杀，国相岂不是不费吹灰之力就除掉田忌了么？"

邹忌眼前一亮，哈哈大笑说："此计甚好！我就按先生所言，力主大王发兵救韩。"

孙膑回到家中，认真研究敌我情况，冷静思考胜敌之策，反复计算彼己之势。

三日将至，这天，田忌来到孙膑府中拜访，看见院子的地上除了石头就是树棍，还有用锹挖出的沟谷和用土堆成的山陵。田忌不动声色地在一旁观看。

只见孙膑用树棍当大军，石子当散卒，砖块当战车，摆好两军对垒的战势。南北两个方向来的大军终于在一山丘地带相遇。

田忌以为一场大战终不可避免，正要看这恶仗如何打，没想到孙膑将一军尾变头，头变尾向来路迅速逃去，另一军决不会轻易放过接近之敌，于是紧追不舍。一个拼命逃，一个紧紧追。逃跑之军看似溃败，不成体统，狼狈不堪，不断有石子、砖块掉队，田忌禁不住哈哈大笑，说："太惨了，连战车也扔下不要了！"可是，他忽然收住笑，惊诧地紧紧盯住孙膑的那支败军的动向。那支败逃之军由尾变成头的前军迅速占领一高山有利地形，中军也紧紧跟上投入似乎是事先侦测过的地域，在一形似葫芦的山谷四周埋伏好，只有最后一支队伍仍然向前奔逃。果然，追击一军的大队人马紧随败逃之军进入山谷，待几乎是全军都陷入深谷之时，败逃之军突然调转方向，迎头正对着追击大军的前锋。早已埋伏好的中军一部分早些时候已运动到山谷口处，此时也正好锁住谷口，严阵以待。

　　看到此时，田忌忍不住惊讶地叫道："太妙了！这一逃、一藏就彻底扭转了仓促应战、且势均力敌的局面。先生，你的救韩抗魏妙计已经成了吧？"

　　孙膑放下手中的石子、木棍，笑着摇摇头，说："这一仗有一个关键的环节，如果做得天衣无缝，才可稳操胜券。"

　　田忌指着"战场"说："先生指的是这险要的山势，这置敌于绝境的死地吧？"

　　孙膑摇摇头说："不，应当在这里。你看这散卒、被弃的战车，让敌人的追兵确实感到敌军是败逃。可是，仅仅这些还远远不够。我还需再仔细考量。"

　　孙膑与田忌回到屋内，二人又研讨起兵法、议论起战事来。

二十一、减灶诱敌

三日后，齐威王召集大臣再议救韩之事。邹忌这次果然极力主张发兵全力救韩。这回君臣意见都得到统一，齐威王很高兴。威王问孙膑："军师，你可曾想好破敌之策？"

孙膑把他早已准备好的作战示意图展开，不慌不忙地说："大王，现在我国军队同魏军相比，正如同田将军与您赛马的状况一样，齐军弱小，六成之中只有一成可以取胜；而魏军强大，六成之中却有五成可以取胜。"

威王微微点了点头，赞同孙膑的这个见解。

"正因为如此，"孙膑接着说道，"我军要想战胜魏军，必须要'出奇制胜'，只有这样才能打败魏军，取得胜利！"

威王看了孙膑一眼："听军师的意思，似乎很有把握。本王倒要听听你如何出奇制胜？"

"《孙子兵法》十三篇中说，'顺详敌意'，'因敌制胜'。臣预拟的作战方案也不过是遵循这两条原则罢了。"孙膑指着地图将整个作战计划详详细细地推演了一遍。

在孙膑的讲述中，对于双方的作战意图、兵力部署、作战行动、作战过程以及各种欺敌误敌的措施，无不说得有条有理，生动具体，简直就像是在叙述已经发生过的战争一样。

孙膑关于作战推演的叙述，好似给威王注射了一针强心剂，使他对即将到来的战争充满了信心。威王异常亢奋而欣喜地看着孙膑大声说："军师真是神人，确有太公（吕尚）、穰苴（司马穰苴）之才。有了你这样的将才，我齐国一定会赢得这场战争的胜利。"

韩国得知齐国将援助自己后，正如孙膑所料，果然全力抵抗魏军。但是，韩国又怎么是魏军的对手？一年之中五战五败，陷入危亡之中。魏军由于遭受韩军的拼死阻击、抵抗，也有伤亡，师劳军疲，实力大受影响。韩国在屡战屡败之后，不得不再派特使奔齐求救，答应一切唯齐国之命是从。

孙膑看魏、韩双方都已陷入疲惫不堪的境地，认为出兵时机已到，便上奏齐威王现在是出兵的最好时机。于是，威王任命田忌为大将，儿子田婴为副将，孙膑为军师，出兵十万，大举"伐魏救韩"。与此同时，齐国又派出淳于髡游说楚宣王，争取到楚国中立，邹衍游说赵肃候，争取到赵国的支持。

公元前341年，田忌、孙膑率领十万大军，从齐国南境过临沂、郯（今山东省郯城县），经下邳（今江苏省邳县）、彭城（今江苏省徐州市）向西直驱魏都大梁。

田忌有些担心地问孙膑："先生，这次我们故技重施，庞涓真的还能上当么？"

孙膑笑笑说："将军有所不知，庞涓为人骄狂自负，虽经过桂陵一役有所收敛，但所谓江山易改，本性难移。经过这十几年，庞涓又打了不少胜仗，他只会更加骄纵，不会学得恭让谦逊的。更何况他向来没把我齐军放在眼里，此次我们又趁其即将胜利之时扰其老巢，庞涓气急之下定会上当。何况我们这次……"说到这里孙膑脸上露出神秘的微笑。

田忌见此，知道孙膑定有妙计在心，于是下令大军全力向大梁奔去。

齐军一入魏境，魏惠王便得到了消息。探马来报，齐军十万大军如潮水般涌向大梁，齐军来势汹汹，惠王急得如热锅上的蚂蚁坐卧不安、寝食不宁。他派人去召庞涓挥师回救，庞涓大军还没到，眼看着齐军就要到了，魏惠王心急如焚，更恨得咬牙切齿，恨齐国一再坏魏国大事。

终于，传来庞涓领兵进入大梁城的消息，魏惠王迎出宫门，看见庞涓风尘仆仆驱车向他而来，心里的石头总算落了地。

庞涓回到宫里还没坐稳，就听魏惠王说："齐国是我魏国的仇敌！上次我军伐赵攻克邯郸，齐军袭我大梁，且大败我军于桂陵。今天，我伐韩都郑，齐又出兵直奔我大梁而来。迫使本王不得不撤回伐韩之军。为雪上次桂陵惨败之恨，为报这两次出兵之仇，庞将军你即刻辅佐太子一同迎击齐军。"

庞涓辛苦了近一年，此次回师救大梁，他心中憋了一肚子火。上次攻克邯郸，因为齐军围攻大梁，他被迫放弃邯郸而挥师回国，最终使攻克邯郸的辛苦前功尽弃。这一次，与韩军作战近一年，五战五胜，眼看韩国支撑不住，就要宣告投降，结果又是齐国大军逼境，他不得不服从魏王命令从韩国撤军。万幸的是，他早齐军一步而进入大梁。大梁城是没有危险了。可齐军竟敢直捣魏国都城大梁的胆略直把他气得心肺欲炸，肝胆欲裂。

魏惠王的心情也和庞涓一样，恨不得亲手消灭来犯齐军。魏惠王不等庞涓汇报伐韩的情况便正式下令："此次迎击齐军，太子申为上将军，庞涓任将军，统兵十万。立即投入战斗准备！"

忽然，又一骑探马疾驰进大梁，直奔魏王宫。不一会，消息报告到了宫中朝堂：齐军刚过宋国外黄（今河南省民权县西北），听说我大军已经回到京城便迅速向东撤去。

魏惠王一屁股坐在王位上，长出了一口气。庞涓说："大王，齐军闻听我军入大梁而东撤，是惧怕与我交战。臣下想：现在正是伐齐的好时机。臣下愿辅佐太子一同统兵追击齐军，攻打齐国。"

太子申也上前请战道："齐国屡次进犯我国，干预我国战事，实在是欺人太甚、不知死活。我强魏正好趁此机会击败齐国，摆脱四面被围的局面。请父王准许我与将军率师伐齐！"

这时有大臣提出：魏国军队与韩国交战一年有余，将士长年疲乏，不得休养，伐齐劳师以远；而齐军兵强马壮，未有损耗，恐怕贸然追击对魏军不利。

魏惠王觉得也有道理，开始犹豫不决。

庞涓此时的心情如在弦之箭，因而极力争取说："我军虽连年征战，但我军是胜利之师，士气旺盛，身体虽疲惫，但士气高昂，而且这次伐齐后即可卸甲休整，臣下认为疲惫之说不足为虑。"

大臣又提出："战争是一国之大事。太子年纪尚浅，对军中事务多不熟悉。对方的田忌是沙场老将，孙膑又诡计多端，两军交锋，情势难定，一旦出现不利的形势，太子是魏国的希望，万一有个好歹，岂不是太冒险了。"

庞涓听到这样的话，一股怒火在心中突起。如果太子不出征，全军将士便失去了精神上的鼓励和物质赏赐上的依托，士气将会大减。而士无斗志，还打什么仗？太子就是一块护身符、一颗定心丸，一旦得胜归来，立下军功，自己便可升官发财，光宗耀祖；而一旦失利，太子也是一块绝好的挡箭牌，所以无论如何也要拉太子一同出征。

庞涓很快镇定下来："齐国是我魏国的宿敌；齐军就是我魏军的死敌。强敌不除，于我国、我军均不利。况且上次桂陵失利的大仇未报，我全国、全军难咽这口恶气。战败的担心实在是多余的。齐国军队根本不是我军的对手，不然它又怎能一听闻我军回国便作鸟兽逃散？难道有人还质疑我军的实力、质疑我带兵的能力吗？何况齐军向来不善野战，此次出兵救韩正是攻击齐军的大好时机。"庞涓说到这，冷冷地扫视了一下说话的大臣，"太子作为未来的国君，这样的历练千载难逢。我可以拿项上人头保证太子的安全，希望不要误了太子，误了国家。"

魏惠王本来便是好大喜功、目空一切的人，根本没把齐国放在眼里。听了庞涓言辞凿凿的保证，更如释重负，最终下定伐齐的决心，下令太子申和庞涓率十万军队追击齐军。

魏军十万之众起兵境内，由太子魏申任上将，庞涓任将军。太子年少，又从不习兵，故实际掌握作战大权的仍然是庞涓。

大军经过外黄时，有一位当地自称叫"徐子"的老头求见太子申，说有妙计献上，太子申于是停下队伍召见了他。

徐子给太子申施礼之后，说："臣下有一百战百胜的计谋，太子愿意听吗？"

太子申说："当然愿意听，请先生快讲。"

徐子说："现在太子您亲自率领军队进攻齐国，即使战场上打了大胜仗，战胜齐国，但是再富有也超不过您将来拥有魏国，再尊贵也不会超过您将来成为魏国国君。如果打了败仗，不能战胜齐国，太子您和您的后代可能就会永远失去魏国。这就是臣下献给您的百战百胜的计谋。"

太子听完徐子的话，恍然大悟，连连点头说："您的话使我如梦初醒，您说得太对了，我一定听您的话，现在就立即返回魏国去。"

但是，徐子话锋一转，深叹了口气说："太子啊，如今即使您打算班师回朝，恐怕也身不由己了。那些鼓动您打仗，想要利用太子谋取好处，满足私欲的人太多了。如今没有达成他们的目的，他们怎么肯让您半途而回呢？"

太子申招来庞涓，和他商量想要返回大梁，庞涓连忙制止说："太子您如果刚出师就撤兵，这就如同打了败仗一样。魏国法令森严，到时候大王怪罪下来，对您是非常不利的，即使能保全性命，太子之位也难保全，您现在还不如继续率军作战呢！"

"太子！千万不能中途班师，无功而返啊！"其他将领也纷纷乞求太子不要班师回朝，否则他们及家人的性命堪忧，就连太子申的车夫也说："将领出征无故而还与败退是一样的，不如继续前进。"

太子申无奈，只好挥师继续东进追击齐军。

魏军才过外黄，就有探马来报："齐军闻我大军追击，飞快向东北方向逃去。"

庞涓打开地图，研究半天，抬起头对众将士说："从齐军行动路线来看，他们定是要逃往定陶，然后继续向北进入齐国南境，而我军正可由外黄直接向北前进，这好似齐军在弓上走，我军在弦上行，不日便可追上齐军。众位将士，立功的时候到了！"。

众将官都欢呼雀跃。

庞涓看了太子申一眼，太子申木然地坐在那里，没有说话。

庞涓不与太子申商量，自作主张地说："我军必须加快追击速度，至多三日便可追上齐军。太子若无异议，望振作精神，下令挥师急驰！"

太子不懂作战之道，只好听命于庞涓。于是，魏军在庞涓的谋划下扔掉部分军需物资和笨重车辆，轻装上阵，扬鞭策马直奔齐国南境而去。

田忌、孙膑率领齐军才过外黄西，探马来报庞涓率师弃韩郑都回救大梁，于是田忌下令不再接近大梁，屯兵待动，似在犹豫接下来的行军路线。一日后，齐军起兵向东北方向撤去，人喊马嘶，混乱不堪，十万大军似乎吓得未战先怯，踏上了撤回齐国的道路。一路上齐军遗落下许多病马、残车、旗帜及武器。

第一天扎营时，孙膑吩咐兵士："今天造十万人吃饭的军灶。"第二天，孙膑又吩咐兵士："今天造五万人吃饭的军灶。"第三天，齐军已接近齐国鄄邑，孙膑又吩咐："今天只造三万人吃饭的军灶，众军轮流使用。"

田忌突然明白了孙膑的用意，再也抑制不住激动和振奋，对孙膑说："军师，我知道你在用什么计谋了！"

两人会心地笑了。孙膑说："兵书上说，被利诱而深入百里，去追击敌军，必丧失大将；追击50里，势必折损一半士兵。庞涓率领的魏军一向以彪悍著称，但也正因为此他们才恃强骄横，瞧不起我们齐军，我们正好利用这一点假装溃败逃散，引他们上钩。不过这可要绝对保密，万一被他们识破，我军将前功尽弃。"

田忌说："军师的计策设计得如此巧妙周全，一路上又已扔下不少军用物资，仿佛我军已溃散得不成样子，想必他庞涓想破脑袋也想不出所以来。军师还有什么好顾虑的呢?"

孙膑说："话虽如此，不过桂陵之战，庞涓已上过一回当，损失惨重，虽然过去了十几年，而且此战我采用退兵减灶的方法，但仍要凡事小心，以策万全。我看还得给他吃一颗定心丸!"

田忌好奇地问："军师，还有何妙计?"

"请将军找来二名心腹士兵，由我面授机宜。"

田忌按照孙膑的要求安排妥当。

二十二、马陵大捷

庞涓和太子申率领魏军十万，以飞马疾驰的速度紧紧追赶着齐国的大军。

第一天，庞涓大军仍在宋国境内，忽听前面有探马来报："发现齐军十万人军灶！"

庞涓一惊：齐魏兵力均为十万，旗鼓相当，不可轻敌。他指挥大军继续北上，日夜不停，第二天探马又来回报："发现齐军五万人军灶！还抓住两名齐国逃跑的士卒。"

庞涓又是一惊：齐军兵力减为五万，难道仅一天的工夫齐军兵士就溃散了五万？！

庞涓下令："快把他们俩带到我的马前回话。"

不多时，两名齐国士卒被带到庞涓的马前。这两个人，年纪在三十岁上下，军服不整，神态疲惫，庞涓亲自审问："你们二人是齐国士兵吗？"

二人跪在庞涓马前，吓得哆哆嗦嗦地回答："是，小人正是齐国士兵！"

"你们军队过去多久了？"

"回将军，已过去一天了。"

庞涓又问："齐军是沿这条大路回国的么?"

这二人说："大队人马是，少数零散兵卒沿小路四散而去了。"

庞涓想，果然如他判断的一样。他又问："齐军未与我大军作战即自行瓦解，齐军将领不管束吗?"

"将军，齐军的军纪是很严的。你看，我只说我跑不动了，当官的就拿鞭子抽我! 将军请看!"

庞涓在这名士兵身上果然看到许多青紫的马鞭抽痕，且许多地方流血染红了军衣。

"再说，将军，有道是法不责众。这次我们齐军跟随田忌将军进入魏国以后，本以为庞将军远在韩国，不能回来，我等可以乘虚而入。没想到庞将军回师神速，我们没等到大梁，您就回来了! 于是我们便往回跑。庞将军的队伍我们早有耳闻，能征善战，我们知道一旦被追上，小命就难保了。所以有不少人怕随着大队人马跑不快，半路就逃掉了。第一天还有十万人马，第二天就跑了一半了。尽管我军纪律严明，可一个军官挡得住十个人逃跑，却挡不住百个人逃跑。有的军官无奈，怕牵连问罪，只好也跟着一起逃了。我们俩开始没敢跑，后来一看实在不行了才逃走，结果被庞将军您捉住了，求您放了我们吧!"

庞涓听后十分得意，哈哈笑着说："看来齐军的情况和我估计的一样，齐兵厌战，对我军更是闻风丧胆，已经逃亡过半了。哈哈哈……"庞涓对这两个齐兵挥挥手，说："把他们放了，让他们逃命去吧。"说罢，策马扬鞭继续追赶齐军。

第三天，天刚亮，庞涓派出去的探马就又来报了："前面发现齐军三万人军灶!"

庞涓大喜，回过头来对太子申说："齐军历来被三晋之军看不起，说他们是胆怯鼠辈，果然如此！齐军闻我大军追赶，头一天还是十万人，第二天就剩了一半，第三天就只剩三万人。这一路上被齐军放弃的人马、战车、兵器，太子也都看到。我军只需再赶一夜便可追上齐军，将其一举消灭！"

太子申心中空虚，对庞涓所希望的胜利没有把握，于是对庞涓说："庞将军分析得很是深刻，只是，齐军这么快即已溃散，未与我军交战就损失一多半，恐怕其中有诈，我军不能不防。"

庞涓说："太子心中多疑，于我军速歼溃逃齐军不利。太子只要对一路所获敌情加以分析，就不难得出我所说的结论。"

太子申说："庞将军不可太轻视齐军。将军难道忘记了十几年前桂陵之战的教训吗？"

庞涓像被揭了伤疤一样疼痛难堪。他仇视齐军，更仇恨孙膑。正是为了要报十几年前的深仇大恨，他才如此千辛万苦，亲率大军紧追齐军，紧追孙膑。如今看到齐国军队被如此削弱，庞涓自然不会放过这个擒获孙膑的好机会。庞涓欲不理会太子申，只身率大军追击齐军，但又碍于他是未来国君，不好轻易忤逆，只好强压住怒火和不满，说："好吧，那么请上将军率领步兵断后，我率领轻骑先去追赶，如有危险您也好接应。"

魏国大军进入齐国境内，只见所过之处一片狼藉，大路上到处都是齐军败退时扔下的武器、战旗、食物用具、衣帽鞋袜等各种军用物资。庞涓看到这些更感欣慰，催马加鞭，下令轻骑兵丢下辎重全速前进。

此时的田忌、孙膑率领齐军已抵达了他们为庞涓精心选择的葬身之地——齐国南境鄄邑北面的马陵。

田忌和孙膑登上马陵道两旁的高地观察地形。只见马陵这个地方两旁都是山，树多林密，地势险要。中间只有一条崎岖狭窄的小路，是一个伏击歼敌的好战场。田忌看了片刻，惊叹道："先生，你是怎么知道这么个好地方的啊?"

孙膑微笑着说："将军您忘了，我就是鄄邑人呀，我从小就生活在这个地方，对这里的地形自然十分熟悉。小时候逃难时，曾在这里躲避过战火。将军，为了能一击而歼敌，请您派兵按照我的要求布置。"

孙膑对阵地设置、武器运用以及兵力部署等方面都做了巧妙而周密的安排。虽然他打的是山地伏击战，但阵地的设置也很重要。在马陵道上，他让士兵先投放金属制的蒺藜当做沟池，又把战车横排起来当做壁垒，将大盾牌连接安放，制成有孔的矮墙，以掩护自己和观察敌人。在兵力布置上，他把执戈、矛等长柄兵器的甲士排列在前，把执小矛等稍短兵器的兵士排列其后，接着又安排持刀、剑等短兵器的士兵，最后排列大批持弓弩的士兵。孙膑又吩咐士兵把马陵山谷中央地带的树木都砍倒，只留一棵大树在中间。

接着孙膑又命人把中央保留的那棵大树剥去一块树皮，露出洁白光滑的树身，上面用墨书写了几个大字："庞涓死于此树之下"!

孙膑安坐在车中，指挥着齐军在马陵道上布下一个天罗地网。

孙膑十几年前救赵国与这次救韩国，虽为两次出兵，却是一样计谋，都是在致人，而不致于人。虽都为直捣魏都大梁，却是两样用计：救赵邯郸，是迎其气而夺之，所以挫其锋；救韩之役，是骄其心而诱之，所以制其命。

田忌边指挥部署边对孙膑说："先生，你的强弩阵怕是连飞鸟都难逃出去呀！不过这大树是何用意？"

孙膑微微一笑说："将军，我反复测算，如果不出意外，庞涓会在今天傍晚到达这里，这棵树就是为了发出进攻信号而设。"

"什么信号？"

"火光。"孙膑明确地回答。

"火光为信号？那么这火光由谁发出，在什么地点，多大的火光？"

"说实话我也不清楚。"孙膑笑着说。

田忌的眼睛瞪得大大的，错愕地看着孙膑。

"因为这进攻信号不是由我们发出的，而是由庞涓替我们发出，所以我也不十分清楚。"孙膑解释说。

田忌张着的嘴好半天才合上："庞涓发出信号，让我们攻击他？我说先生，这，这是不是太玄啦？"

"嗯，是有点儿玄，不过这火光并不大，是点燃的火把，而不是篝火。火把点燃的时间大概在日落以后，火光燃起的地点就在那棵大树旁。到时你们注意那里就是了。"

田忌、田婴及其他将士一听，个个大眼瞪小眼。军师这葫芦里卖的什么药呀？既然这火光是由庞涓发出，孙军师又怎么连点火大小、时间、地点都知道得这么清楚？这到底怎么回事？

田忌吩咐说："军师已经测算好了，众将听令就是。大家注意隐蔽，全军上下从现在起严禁烟火，任何人不能暴露目标，违令者当即斩首。听清楚了么？"

"听清楚了！"众将齐声回答。

"大家辛苦了，"田忌将军有些激动地说："等打胜这场仗，我为诸位准备最好的美酒，我们一醉方休！"田忌挥舞着胳膊，踌躇满志。

待众将散去各就其位，孙膑悠悠地说："胜利是唾手可得，不过这庆功酒却不一定能喝得成。"

田忌脸色一紧，心中不解孙膑此语何意："先生既然断言胜券在握，又为何断言庆功酒喝不成，您这神神秘秘的，可把我弄糊涂了。"

孙膑淡淡一笑："大战在即，我们不谈这些，等此役大捷之后我们再好好聊聊。"

夜幕渐渐沉了下来。马陵如一张张开的大网静静地等待着魏军的到来。

傍晚时分，庞涓果然率领着轻骑兵赶到了马陵。庞涓向周围看了看，发觉四周静悄悄空落落的，山两旁地势险要、怪石横生，山林茂密。马陵道崎岖狭窄，只容一辆车通过，队伍缓慢行进着。突然，前面有人来报庞涓："报告将军，前方道路被断木阻隔！"庞涓勒住马缰喝道："那是齐军用来阻挡我们前进的障碍，还不快把断木搬开，继续前进！"魏军缓慢地进入马陵道中。

魏兵不断地搬开拦路的断木，忙了好一阵也没疏通开道路，庞涓追逐齐兵心切，便策马跑到前面催促。忽然，在黑暗的暮色中，他看到有一棵树木独立在道中间，白色的树身上隐隐约约似乎有字。庞涓下马走到树前仔细观看，但是天实在是太黑了，即使走到切近，仍然看不清楚。

庞涓大声吩咐手下："快拿火把来！"

即刻，有侍卫举火把给他。庞涓仔细辨别树身上的字："庞涓死于……"

还没等他念完树上的字，只听周围的山岭上突然响起惊天动地的呐喊声。庞涓吓得肝胆欲裂，心想：难道又中孙膑的埋伏了？还没想完，就听到弓箭破空的声音不绝于耳，箭矢遮天盖日般地向魏军军阵射来。庞涓大叫"撤退！快撤退！"然而已经来不及了，齐军万名弓弩手一见火光立刻万弩齐发，喊声四起。魏军顿时大乱，庞涓于慌乱中试图指挥兵士突围，忽然感到肩膀一阵疼痛，用手一摸，触到一根箭杆，温热的鲜血顺着伤口流了下来。庞涓恨得心肺欲炸：又上孙膑的当了！

魏军兵士身陷在马陵道中，被齐军四面围住，既无法抵抗，又无路可逃，进退两难。齐军早已占据了有利地势，居高临下，山谷里的魏军就用弓弩射杀，冲上来的便用刀、枪、戈、矛等武器杀伤。魏军处于劣势，连日来急于追赶齐军，疲惫不堪，加上天黑根本看不见暗中的齐兵，也就只有招架之功，没有还手之力了。魏军兵士在第一轮箭袭中就死伤一片，随后又自相拥挤马踏车碾，相持没有几个时辰，魏军兵士便已尸横遍地、死伤惨重。

庞涓拖着受伤的身体，带领着贴身士兵奋力冲杀，希望能冲出重围。身旁的兵士在暴雨般的利箭的攻击下，成片成片地倒下。庞涓心疼不已。但此时已没有时间再顾及士兵的死活了，只能硬打马往前冲。庞涓心想只要能冲出重围，来日方长，再找机会与孙膑较量，未见得一定会输给孙膑。

庞涓边想边冲杀，一抬头，却见那棵写着"庞涓死于此树下"几个大字的巨树正立在眼前，庞涓一怔，心中涌起一种不祥的预感。就在此时，又有几箭射中了庞涓，他一个跟头从马上栽了下来。

庞涓躺在乱军丛中，他试着用手摸了摸胸口，温热的鲜血流了出来，染红了战袍。他动了动自己的双腿，虽然还能动弹，但他已感到了生命的流逝。庞涓在昏迷之中觉得自己又回到了鬼谷山中。他似乎又坐在了鬼谷先生的面前，聆听先生的教诲，与同窗们探讨兵书、演练阵法，和师兄孙伯灵彻夜长谈……山上的景色依然，青松、翠柏、山花、溪水，他记起就在那山崖后的溪水边，他和孙膑歃血相盟。他当时说的是：如若背约，他庞涓死于乱箭之下……

举头三尺有神灵啊，说得一点不差，他就要死了，而且正是死于乱箭之下。这也算他庞涓的报应吧！

苍白的月光终于转出的云层，透过树枝照在他的脸上。庞涓木然的眼神望着苍穹，几分不甘，几分无奈，他勉强扶着巨树撑起身体坐起来，仰头再次看到那几个大字，不禁仰天大笑，继而潸然泪下。血从庞涓的眼中流出，恨得他心肺俱炸。他悲怆地喊道："孙膑，终于让你小子成了名啦！"凡物有起因，必有结果，如农之播种，种豆必然结豆，种瓜定是结瓜，毫无虚假。庞涓果然死在那颗大树之下。

庞涓死后，魏军失去指挥将领，齐军乘胜追击，又打败了太子申率领的后续部队，尽破魏军十万大军，并俘虏了太子申。马陵之战，齐军在孙膑的智慧谋划下，在田忌的亲自指挥下大获全胜，取得了震惊诸侯列国的重大胜利。齐威王从此代替魏惠王称霸七国，齐国也由此而代替魏国成为七国中最强大的国家。

孙膑、田忌为齐国在七国中的强盛地位立下汗马功劳，为齐威王成就霸业创立下不可磨灭的功绩。然而，他们怎么也没想到，马陵之战后，他们却再也不能回齐国了！

二十三、流亡楚国

　　田、孙率领齐军在马陵之战中取得重大胜利的捷报很快传到齐都临淄，国相邹忌听后大为不安，邹忌心想：我数次反对齐国出兵救赵、救韩，就是担心田忌立功，后来改变主意，也是希望能借刀杀人，希望田忌战死或战败沙场，从而除去一个强劲的政敌。不料，事与愿违，田忌不仅没死，反而因为孙膑的足智多谋，连败魏军，尤其是这次马陵大捷，田忌功高盖世，孙膑名扬天下，那么我邹忌在威王眼里不更是暗淡无光了么？一想到齐威王冷若寒霜的脸，邹忌冷汗直流。邹忌于是谎称有病从朝堂上告假回府，召集门客密商计谋，盘算着如何打倒田忌，赶走孙膑，保住相位。心腹公孙阅也听说孙膑和田忌获得大胜，杀了庞涓，擒获太子申，灭了魏军十万人，齐威王又欲摆国宴迎接二位有功之臣，于是他对邹忌说："国相这一次是非除田、孙二人不可了！您不要着急，这件事就包在我身上，一定会让大王除去他们二人！"

　　公孙阅由邹忌的府中回到家里后，拿了二百金，换上了一身平民的装束，天黑以后，悄悄地来到了临淄城一家有名的卜卦馆，轻轻地敲了几下门。

　　算卦的先生正要休息，便对来客说："天色已晚，要是占卜算卦，请明天来吧。"

公孙阅说："先生，我这卦只能在晚上算，白天耳目众多，就算不了啦。你要给我算好，我加倍给钱。"

算卦先生一听，打开了门，把公孙阅让到屋里，坐下之后，算卦先生问："您是从哪来，要算什么卦呢？"

公孙阅说："请先生把门关好，我这卦不能让外人听到。"

算卦先生回身把门关好，满腹狐疑地看着公孙阅："这回您说吧。"

公孙阅从怀里掏出二百金放在桌上，算卦先生一看，吓了一跳："您这是什么意思？"

公孙阅说："这是我的卦礼钱。"

算卦先生说："这么多？！您要卜算何事？何事的吉凶值这么多金？"

公孙阅盯着算卦先生说："只要先生卜得准、算得清，比这多得多的钱都等待着先生您呐！"

算卦先生说："那你先说说算什么卦，然后我再收您的卦礼。"

公孙阅说："好吧，我是大将田忌手下的人。今天来算卦，要跟先生您说实话，我想先生您也不会走漏风声。田忌府上来了一位孙膑孙先生，此人足智多谋、用兵如神，曾协助田忌将军屡战屡胜，大破魏军，建立赫赫战功，声名威震天下。田忌与孙膑，是最好的朋友，他们觉得天下非一人之天下，乃人人之天下，有德者居之，无德者失之。而当今国君齐威王，不称其位，他们打算推倒齐威王，重立国号，但又不知道能否成功，所以在没动手之前，秘密地差我到这占卜一卦，知道先生神机妙算，请您给算算，推翻齐威王，我们能否成功？"

算卦先生还没听完公孙阅的话，便吓得脸上变了颜色。他把二百金推给公孙阅说："此事非小民能算得出的，望您收起钱快些离开。否则，小民将会受到牵连而小命难保！"

公孙阅并不急于走，而是耐心开导算卦先生："田忌将军有孙军师辅佐，大智大勇，又掌握齐国兵权，一旦谋大事成功，还可重赏于你，你害怕什么？"

算卦先生吓得浑身哆嗦，"扑通"一声跪倒在地，连连求饶，再三催促公孙阅离开。

公孙阅说："好吧，既然先生不肯算，我也不能勉强，不过你可知道，造反的罪是满门抄斩。这件事你可不能传扬出去，否则大将军定不会饶你！"

算卦先生连连点头说："是是是，您放心吧，这件事我决不往外说！"

公孙阅说："好吧！那我走啦！"

算卦先生说："哎，您的钱还没拿呢。"

公孙阅说："这些钱就算是给您压惊的吧！记住，万一谁问起，绝不能说我是田将军派来的。"

"您放心吧！"算卦先生看公孙阅消失在夜色中便轻轻地关上了门。他长吁了一口气，回过身看到桌上的钱币，心里仍然怦怦直跳。算卦先生心想：金钱虽好，但这可是欺君罔上的罪过，如果牵连进去弄不好要杀头的呀。算命先生翻来覆去睡不着，天一亮便打定主意，进宫面见齐威王告发此事。

齐威王正兴高采烈地盼着马陵获胜的将士们班师回朝，好举行盛大的庆功宴。齐威王踌躇满志、雄心勃勃，如今他最担心的强敌魏国已经彻底垮了，周边的楚、燕、韩、赵、秦等国定会因这次马陵之战齐国尽灭强魏十万大军的胜利而胆战心惊，对自己俯首称臣，剩下的那些小国更不在话下。齐国强立于七国的局势已定，他齐威王称霸中原的局势已定，他统一中原的日子不远了。齐威王正想得得意非凡，这时有人通报，临淄城内有个算卦先生求见大王，有极秘密之事要禀报。

　　齐威王万万没有想到，在这个时候会有人密报田忌将要谋逆造反。他看着眼前的二百金和算卦人，人证、物证俱在，齐威王怔怔地愣了半天，说不出一句话。

　　算卦先生的话实际上触动了齐威王隐匿在内心深处久已存在的一个痛处。国相邹忌曾在他耳边说过田忌功高盖主的话，但田忌是位老将，骁勇善战，沙场经验十分丰富，这些年齐国与魏国时有摩擦，田忌屡立战功，表现得忠心耿耿，因此一直得到齐威王重用。何况田忌是王公贵族，齐威王并未把邹忌的话放在心上。可现在，田忌取得了如此重大的胜利，又有军事奇才孙膑辅佐，难免不起异心。齐威王决定招来国相邹忌商议此事。

　　不多时，邹忌到来，实际上邹忌早已在家中穿戴完毕准备威王召见。邹忌一进宫门便看到那二百金。邹忌故意装作什么也不知道，上前参见威王。

　　齐威王说："国相，我召你来是要和你商量一件事儿，有人密报田忌家人曾找到城内最有名的卜卦馆，卜算是否能推翻我，自立为王。你看这件事是真的么？"

　　邹忌假装思考片刻，说："大王可曾听说过燕人养虎的故事？"

　　威王说："不曾。国相说给我听听！"

　　邹忌说："从前有个燕国人得到一只老虎。当时老虎尚年幼，燕国人待它无比周到，吃喝行住从不违背老虎的意愿。后来燕国人觉得这只虎很能干，就把家里的鸡、狗、羊、猪、马统统交给他看管，这只虎倒也真能干，把主人吩咐的事样样干得都很好。时间长了，主人就忘记了它毕竟是只老虎，它咬人吃肉的本性是不会改变的。终于有一天，这只老虎长大了，身体立起来像山石一样坚硬，张开大嘴就露出了凶残的本性。一天，老虎觉得自己应当做这个家里的主人了，就把所有它看管的牲畜全吃光后，又要吃主人。主人说：'我是你的主人啊！'老虎说：'咱两个换换位置，我就是你的主人！'于是……"

"够了！"齐威王不等邹忌把故事讲完，便拍案而起："你是说田忌是那只虎，而我就是养虎的燕人?！"

"难道不是么？大王，如今田忌取得如此高的功绩，诸侯列国哪个敢小看他，哪个敢对他不恭敬？何况还有孙膑的辅佐，田忌自然不会把您放在眼里。"

齐威王气得咬牙切齿："哼！我倒要看看他怎么吃我?！来人哪！速速包围将军府，将全府上下一干人等全部抓起来！"

马陵大捷之后，齐军从战场上撤出，因为打了胜仗，全军上下喜气洋洋地向都城临淄返回。田忌更是异常高兴，和田婴及众将士们有说有笑。只有孙膑一个人闷闷不乐，田忌问孙膑："军师，仗已大获全胜，且庞涓已死，您的仇也报了。可是，您怎么看起来却忧心忡忡？"

孙膑并没有直接回答，而是反过来问田忌："将军还记得马陵战前我曾说过庆功酒不一定会喝得成么？"

田忌忽然记起孙膑的确说过这话，忙问："对了先生，那天你说这话到底是什么意思？"

孙膑看着田忌，神色焦忧地说："那样说是因为国相邹忌和将军您的积怨太深，实在令我担忧。"

　　孙膑对于邹忌和田忌之间的矛盾以及齐威王在邹、田二人争斗中的态度了解得一清二楚。田忌与威王是宗亲，二人是赛马的赌友，田忌有军事才能，是齐国不可多得的战将。当齐军与诸侯列国争霸中原的时候，威王能够也必然会重用田忌。但是，邹忌是威王的琴友，也是他治国安邦的功臣，而且邹忌劝谏巧妙，很有谋略，所以深得威王偏爱。在邹忌、田忌之争中，威王的偏爱会随着形势的发展而有所变化，尤其当齐军打败魏军而失去一个强大的军事对手后，威王也恐田忌居功自傲、居心叵测，就自然会倾向邹忌而于田忌不利。所以孙膑很担心马陵之战后田忌的处境。

　　田忌说："先生多虑了，邹忌青年得志，一步登天，担心失去到手的权利，因此处处与我作对，我为了国家是不会与他计较的。"

　　"常言说，害人之心不可有，防人之心不可无啊！将军虽无害人之心，但总该有防人之意呀！"孙膑因为田忌的单纯而更加担心。

　　"先生的意思是说邹忌会加害于我?"

　　"难道不是么？上次桂陵一仗，咱们凯旋回朝，他就很不高兴，好几天称病不上朝。今天，咱们又打了胜仗，他不定又多么难过痛苦呐！将军，我担心的正是此事！将军既然已经想到，就不可贸然进入都城而落入邹忌的罗网！"

　　田忌一听，半信半疑，便问道："那么，依先生的意思我该怎么办呢?"

　　孙膑一生坎坷崎岖，他遭庞涓陷害，几乎命丧异国。从魏国得幸逃回齐国后，他投靠在田忌门下，田忌由于倾慕孙膑的足智多谋，二人推心置腹渐渐成为密友，田忌对孙膑的计谋几乎言出必从，正因这样才使孙膑得以施展军事才干。后来二人长期配合指挥齐军作战，出生入死，连战连捷，尤其桂陵、马陵之战，更是使二人威名远播。一般人看来，没有孙膑就不会有如此功高的田忌，但孙膑知道，没有田忌也就不会有孙膑，二人命运相连。所以，现在他知道田忌将有不测，自然不能袖手旁观。

孙膑问："将军您对干大事有信心么？"

田忌说："愿闻其详。"

"清君侧！"孙膑斩钉截铁地说。

"除掉邹忌？！"田忌有些惊讶。

"没错！"孙膑接着将自己的谋划和盘托出："马陵之战后，将军返朝，不要解除军队的武装。而是把疲惫老弱的士兵置于临淄西南方，那里道路险狭，东西相对驶过的车辆，只能摩擦碰撞才能通过。这个地方易守难攻，老兵守卫可以起到以一当十、以十当百、以百当千的作用。将军背靠泰山，左邻济水（今山东境内黄河），右越天唐（今山东省禹城县南），把我军的军用物资运到高宛（今山东桓台县南），只需带领一只轻骑部队便可冲击首都临淄西面的雍门。这样就可迫使威王改变立场、态度，并且将邹忌驱赶出去，为大王清除祸患。否则将军最好不要回朝而自投罗网。"

田忌一下子怔住了。他万万没有想到这胜利的重大喜悦还会伴随这么沉重的烦恼，田忌有些不相信道："有这个必要吗、国相邹忌和我虽久已不合，但他还不至于要加害于我。如果贸然行动，搞不好大王会以为我田忌想造反，到时候我们就是有千万张嘴也辩不清啊！"

　　孙膑还想开口进一步分析利害，但看出田忌不想再生战事，内心焦急但也无可奈何。他无力指挥军队去实践他的计划。孙膑心想：这恐怕是我们最后在齐国的土地上停留了。

　　队伍继续向临淄城行进。突然有人报告，田忌的家仆从临淄赶来有要事求见将军。只见这个家仆气喘吁吁、汗流浃背地奔过来，见到田忌"扑通"跪倒，泪流满面地说："将军，不好了！有人密报将军图谋造反，邹国相带领人马将将军府团团包围，全家上下男女老少都被抓走了！"

　　田忌一听，气得目瞪口呆。没想到果然被孙膑言中，邹忌对自己起了杀心。田忌正在迟疑之际，孙膑说："将军，果然不出我所料，邹忌诬陷你我谋反夺权，现在可不是犹豫的时候，为今之计，只有请将军速速发兵占领险要隘口，进军临淄。"

　　田忌看到形势于自己相当不利，也只有这个办法或许能匡正威王、驱逐邹忌，澄清是非，保住自己。于是，田忌率领从马陵归来的部队攻打齐都临淄，声明只要威王辨明是非，驱逐邹忌，别无他求。

　　但是齐兵因久于魏军作战已十分疲乏，都一心想回到家乡好好休整，因而不想再战，况且这次又是攻打自己的国都，所以均不愿卖命。而威王、邹忌见田忌兵围都城，更相信田忌别有他图，所以，守备森严，极力抵抗。田忌久攻不下，只得弃军而逃。

　　田忌、孙膑兵败而逃，来到南方大国楚国，被楚王待若上宾。邹忌对此仍不放心，他明白田忌兵谏只是针对自己一人，担心有朝一日楚王送田忌回齐，齐王又会尽释前嫌而重用他，这样田忌就会重新同自己争权夺利。于是，邹忌请门客杜赫去说服楚王将田忌永留楚国。杜赫见到楚王后说："齐相邹忌一直担心逃来的田忌将军会以楚国为后盾反过来攻打齐国，如果齐国因此对楚国怀有敌意，这样楚国就有危险了。所以，不如封一些领地给田忌，让他解甲归田，以表示我们没有进攻齐国之意。这样一来，邹忌的戒心就会消除，田忌将军由于逃亡而得封也会感激我们的。大王岂不是两面交好？"楚王听后觉得有理，就在江南选了一块领地封给田忌。

二十四、著书传世

　　马陵之役魏国十万大军全军覆没，太子申被俘、将军庞涓被杀，消息传到魏国都城大梁，魏惠王得知既伤心又愤怒。惠王立即招来国相惠施，怨恨地说：“齐国是我魏国的仇敌，齐王是本王的死敌。他灭我太子、灭我将军、灭我十万大军，我与齐王不共戴天！这种仇恨终生难忘。魏国虽新败，但是本王想动员全国兵力攻打齐国，不知你以为如何？”

　　惠施连忙制止说：“不可以。臣听说：‘以德治天下的要守法度，以力制天下的常用计谋。’现在君王告诉臣下的，既不合乎法度，又不合乎计谋。大王先同赵国结下仇怨，又去攻打了韩国，现在与齐国作战，如今战败，国家没有防御措施，可是君王又想动员全国兵力讨伐齐，这就不是臣所说的守法度和用计谋了。”

　　魏惠王气愤地说：“按照你的意思，本王的仇就不报了？”

　　惠施说：“大王息怒！臣下不是这个意思。臣下是说要运用智慧去战胜齐国。假如君王要报齐国之仇，还不如脱下天子之服，换上诸侯之装，取消天子称号，以诸侯身份去齐国朝贡，如此楚王必然大怒。这时君王再派游说之士，挑拨楚、齐两国交战，利用安定强大的楚国去攻打动乱中的齐国，齐国必然被楚国战败，这就等于是大王用楚国来征服齐国。"

魏惠王说:"好计策!"于是就派使者前往齐国,表示愿意对齐王尽臣子之礼并运送大量贡品。

使臣还未上路,魏惠王又派惠施出使楚国,替他拜会楚威王。

齐威王用孙膑,两败魏军而重定三晋,一时称霸东方。三晋君主于第二年便相约朝觐齐威王。威王一时威震七国。

公元前335年,魏惠王采用惠施的计策又朝见齐威王,齐威王开始不理会他,他便等候在齐国鄄地(今山东省鄄城县),把自己打扮得如奴仆一般囚禁在草屋中,净身斋戒,并让国相惠施多次游说齐威王之子田婴,出重金贿赂,请求田婴说服齐威王再次接受魏惠王的臣服朝拜。

田婴当即接受了魏惠王的重礼,大臣张丑劝说他说:"不可以接受魏国的朝贺。假如齐国没有战胜魏国,而得到魏国的祝贺之礼,跟魏讲和之后再联兵攻楚,那必然可以大败楚国。可是现在齐国已经战胜魏国,击溃魏国十万大军,俘虏了魏太子申,征服了拥有万辆兵车的魏国,连秦、楚两国都甘拜下风,两国都认为齐国的暴戾应该停止。而现在齐国战胜了魏国,魏国不会真心实意地交好齐国。况且楚王的为人是喜好用兵而又爱好名誉,如果现在称王,那么最后成为齐国忧患的必然是楚国。"田婴没有采纳张丑的建议,而接受魏惠王的要求,几次说服齐威王接受魏惠王的臣服朝拜。

公元前334年,魏惠王再一次身穿丧国之服率领韩国以及其他小国在徐州(今山东滕县东南)朝见齐威王,尊齐威王为"王"。而齐威王也承认了魏惠王的王号,历史上称这一年为齐魏两国"会徐州相王"。

魏惠王的臣服朝拜和齐威王的威风使赵王感到很愤恨，楚王更是勃然大怒，亲自率兵攻打齐国，赵国也派兵响应，楚伐齐的徐州之役终于拉开帷幕。魏惠王表面上臣服于齐国，暗中却帮助楚国伐齐，结果楚国大败齐军于徐州，魏惠王总算达到了报仇的目的。

国相惠施辅佐魏惠王三十余年，深得魏惠王信任，被尊称为"仲父"。魏惠王年老时想要把王位让给惠施，他对惠施说"前代享有国家的人，一定都是贤德的人。现在本王我确实不如国相您，希望能把国家传给您，由您治理。"

惠施坚决地说："不可以，大王，我不能接受。"

见到惠施推辞，魏惠王劝说他说："假如我不在这里享有国家，而把它传给贤德的人，人民的贪婪争夺的思想就能止息了。希望先生能因此而听从我的话。"

惠施说："如果像您说的这样，那我更不能听从您的话了。您本来是拥有万乘兵车的一国之君，把国家让给别人尚且可以止息人民的贪争思想，如今我是个平民百姓，可以享有万乘之国却谢绝了，这样，那就更能制止人们贪婪争夺的想法了。"惠施坚辞而不受王位。

公元前 319 年冬天，魏惠王含恨离开人世。

魏惠王去世的前一年，即公元前 320 年，齐威王去世，其子田辟疆即位，就是齐宣王。齐宣王得知田忌、孙膑被邹忌诬陷真相后，立即召田忌、孙膑回齐复位。

被迫离开祖国的孙膑和田忌沉冤终于得到昭雪，他们终于能结束寄人篱下的生活而回到了齐国，回到故乡，回到他们魂牵梦绕的国土上。

当两鬓霜白的田忌将军接到齐宣王派人送来的诏令时激动得几乎失声痛哭，他双手紧紧握住孙膑哽咽着说："先生，我们终于能够回国了！终于能够回国了！"

孙膑也激动不已，这些年他陪伴着田忌居于江南，虽身处美景之中，但心中总觉空虚。

当踏上了回归齐国的路途时，孙膑问田忌："将军您马上就要回到国都了，又可以重持兵戈，手握重兵，挥戈疆场，还能够享受荣华富贵，不知将军此时作何感想？"

田忌苦笑道："先生取笑于我？你我对于宣王并没有建立任何功勋，此次被召回国，已是不幸中的万幸。至于先生所说手握重兵，荣华富贵，怕是笑谈。能够平安地回到齐国与家人团聚，老在故土，埋在故土，我就很知足了。"

孙膑沉默片刻说："我实在也如将军想的一样。想当年你我在桂陵、马陵两战之中建功立业，齐国也由此而确立了七国之首的地位。即便如此威王都不信任你我，我们于宣王无功，他又怎会重用我们呢？"

田忌说："先生足智多谋，跟我不同，我已年老体衰，双鬓霜白，不适宜再带兵打仗，先生回到都城，定能得到宣王重用。"

孙膑并未答话，而是反问田忌："要是回到京都，宣王真的要拜你为大将军，你会怎么办呢？"

田忌不假思索地说："他要真拜，我就真当。"

"假如又要起兵打仗了，你还能像当年一样吃苦受罪、奔赴沙场吗？"

"我当然能。宣王待我恩重如山，为报宣王的知遇之恩，我也要效犬马之劳。更何况还为了齐国的江山社稷。"

孙膑见田忌心意坚定，便不再说什么了。

田忌对孙膑笑着说："你既然问了我，也该轮到我问问你了吧。如果回京都后，宣王要拜你为军师，你干不干？"

孙膑也不加思索地说："他要真拜，我也真当。只怕他把你我"请"回临淄，却不会委任你我以实权。"

田忌笑道："先生多虑了，先不说君无戏言，假如真要如此，那他今后的话还有谁会相信呢？虽然我们不比当年，可现在各国战事仍旧频繁，我们还是有大用处的。"

忠厚耿直的田忌一心沉浸在归乡的喜悦中，丝毫不怀疑自己的未来，可孙膑心中却很清楚，未来的路并非坦途。想当年孙膑、田忌为齐威王称霸诸侯，齐国位列七国之首可谓立下了不朽的功劳，到头来还不是被威王逼迫逃离家乡、寄人篱下？这难道就合常理么？而齐宣王才即位就召回孙、田二人，并且高官厚禄加身，而孙、田二人又于齐国有什么功劳呢？何况二人此时已过了壮年，再不似当年的意气风发，为何就能得到新君的青睐？

夜色中，马车仍奔向前方，载着的却是命运多舛的两人，昏暗的路有如他们未来的命运一样。田忌虽然困乏还是问道："那你说说，新国君为什么要让你我回国？"

孙膑没有回答，却反过来问田忌："在楚国这些年，你我有没有为楚王出力？"

田忌说："那当然，楚王供养我们，我们总不能连力所能及的事也不做！不要说在楚国，就是其他任何一个诸侯国，我们也不能白受人家的供养啊。"

孙膑说："这就对了，问题就在这儿！"

田忌听了孙膑的解释反而更糊涂了："什么问题？难道回国

后，宣王因为我们曾为楚国出力就要治你我的罪不成？难不成当年遭到邹忌的陷害就要让我们饿死在楚国吗？"

田忌虽口中言辞凿凿地认为齐宣王不会因为自己曾为楚王出谋划策而怪罪下来，但心里也有些忐忑不安。他有些心虚地看了看孙膑，不知这话该如何说才好。

孙膑见田忌心中有些惴惴不安，便劝慰说："宣王倒不至于治将军和我的罪，他有江山要巩固，有霸业要成就，一旦断了你我的性命，恐怕再不会有人投奔齐国，为齐国出力了。我刚才说宣王虽请你我回齐国，实则并不是真用你我当什么将军、军师，而是齐宣王非常清楚你我在楚国中会起的作用，非常清楚无论我们在哪个国家都会为那个国家出力，因此才召你我回齐国，回临淄。"

田忌紧皱的双眉舒缓了下来，半晌他轻叹了口气，说："原来齐王并不是看重你我的才智才请我们回国，而是害怕我们为他国出力？"

孙膑也吁了一口气，说："将军既然已经明白，我就放心了。其实将军也不必难过——也许这都是我以小人之心度君子之腹。宣王不见得如我所想的那样。只是作为同生死共荣辱的挚友，我想在回到齐国、回到齐都临淄之前提醒将军一句：万一宣王冷淡于你我，万不可看得太重，保重身体要紧。"

田忌重重地点了点头。

田忌、孙膑回到齐国临淄后，齐宣王重拜田忌为大将军，孙膑为军师。不料一些朝中权贵大臣不断向宣王进谗言，宣王渐渐起了疑心。孙膑知道后，即劝田忌一同弃官隐居。孙膑回到自己的老家，潜心进行他的兵法研究和写作。他立志要把他的兵法写出来，把他几十年对于战争的思考和研究以及自己指挥作战的经验写成文字，传给后人。

孙膑归隐乡里后，有很多慕名而来的青年人拜师学艺，孙膑一边教习徒弟领兵打仗，一边伏案写作。经过多年的努力，终于写成了《孙膑兵法》一书。《孙膑兵法》继承和发展了孙武、吴起等军事家的军事理论思想，反映和总结了战国初期、中期的战争经验，它是一本很有价值的军事著作，在当时影响很大。

孙膑的一生，曲折坎坷，迷离凄凉，年轻时被害致残，中年南征北战，战功显赫却遭人诬陷，晚年又不得善终。然而孙膑不向命运和邪恶势力低头，发挥自己的过人才华，终于在军事上做出了杰出的贡献，成为我国古代著名的军事理论家。孙膑的一生是谱写辉煌生命乐章的一生，他既留下了宝贵的兵家思想财富，也留下了高尚的做人道德品质，所以孙膑的事迹一直流传至今，被世人称颂。